刘浩然◎著

珍贵的存在

一张宁静而温暖的书桌

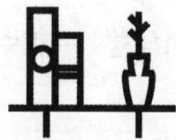

中国大百科全书出版社　知识出版社

图书在版编目（CIP）数据

珍贵的存在： 一张宁静而温暖的书桌 / 刘浩然著
. -- 北京：知识出版社，2021.9
ISBN 978-7-5215-0420-0

Ⅰ.①珍… Ⅱ.①刘… Ⅲ.①教育工作 Ⅳ.①G4

中国版本图书馆 CIP 数据核字（2021）第 170715 号

珍贵的存在：一张宁静而温暖的书桌

刘浩然　著

出 版 人	姜钦云	
图书统筹	王云霞	
责任编辑	程　园	
责任印制	吴永星	
版式设计	博越创想	
出版发行	知识出版社	
地　　址	北京市西城区阜成门北大街 17 号	
邮　　编	100037	
网　　址	http://www.ecph.com.cn	
电　　话	010-88390739	
印　　刷	北京一鑫印务有限责任公司	
开　　本	710mm×1000mm　1/16	
印　　张	18.25	
字　　数	243 千字	
版　　次	2021 年 9 月第 1 版	
印　　次	2023 年 3 月第 2 次印刷	
书　　号	ISBN 978-7-5215-0420-0	
定　　价	50.00 元	

艾瑞德教育丛书编委会

主　任：孙银峰

副主任：李建华

委　员：（按姓氏笔画排序）

王　冰　　王彦月　　王婷玉　　朱明慧　　刘　森

刘浩然　　闫　娟　　孙　超　　杜　静　　李　瑞

李丹阳　　陈　琳　　陈　颖　　张秋英　　苗玲玲

孟　晓　　项兆娴　　龚　涛　　黄冬燕　　符　君

韩董馨

善者因之：艾瑞德的教育哲学

郑州高新区艾瑞德国际学校，注定是个故事。她是春天的故事，带着温度，沐浴在春天灿烂的阳光里。

她诞生在 2011 年的春天里。那年，中原大地春意盎然，洋溢着无限的希望。

十年了，一个又一个好故事发生在校园，满满的，可校园里已装不下了。这本书将带着这些故事，再次在校园里传播，然后飞向中原大地，飞在祖国的四面八方。

故事意味着时间。时间具有一种伟力，去伪存真、抑恶扬善，在时间的怀抱里，新生幼态潜力无限，逐渐成长壮大。如今，艾瑞德长大了，健壮了，潜力更加无限。

故事意味着回忆。在一次闲聊中，海明威的妻子对海明威说："回忆也是一种饥饿。"是的，十年的淘洗，那些故事开始澄明、沉淀。每当回忆涌起，过往的一切都让我们急切地想去拥抱和分享，这是情感饥饿似的需求。这样的回忆形成可贵的集体性记忆，这是文化的记忆。

故事意味着想象。想象是创造的先导，只有想象尚未抵达的地方，没有想象不可抵达的地方。十年的办学，十年的创造，十年的想象……正是在想象中，艾瑞德更加宏大、辽阔，也正是在创造中，艾瑞德更加明亮、美好。

我去过艾瑞德好多次，有参观，有研讨，有学期结束会、新年会……总觉得艾瑞德是个大家庭，是个处处有故事的地方。学校提出的教育理念——"走自然生长教育之路，办有温度有故事学校"，已成为生动的事实。但是，我又总是觉得，对艾瑞德的认识只到此为止又是很不够的。温度来自哪里？故事为何诞生？大家庭究竟怎么形成？这些问号深处藏着什么样的答案？我总在思索和找寻着。

其实，答案早就摆在那里："太史公曰：故善者因之，其次利道之，其次教诲之，其次整齐之，最下者与之争。"这是中国哲学的一种表达，表达的是价值链条上的排序，排在最前列、最重要的是"善者因之"。学校创始人孙银峰先生，校长李建华先生对此都有准确的解读："每一个人成为善者、向好之人，以达无须提醒的自觉、不言而喻的遵守。""善者，是温度的凝聚，是故事的升华"，"向善、求善、为善，是我们共同的教育愿景，引领着艾瑞德的每一位老师。"这就是艾瑞德的教育哲学。"善者因之"这一哲理深植于中华优秀文化土壤中，映射出中华文化的本色与亮色：追求伦理道德，塑造中华民族之德和以仁爱为核心的文化心理结构。作为一所国际学校，能立足中原大地，能扎根中国文化，体现了他们的文化自信与文化自觉。正是这样的教育哲学，铸造了艾瑞德的中国根、民族魂和文化脊梁。他们从文化的视角诠释了何为"国际学校"以及办好"国际学校"的真正密码是什么。

从"善者因之"出发，不难理解，艾瑞德学校正在探索落实"立德树人"这一根本任务的途径和方式。在艾瑞德，"立德树人"有个重要的文化出发点，它也是校本化的哲学基础，即善者因之。在艾瑞德，"立德树人"

○ 珍贵的存在：一张宁静而温暖的书桌 ●

有自己的切入口和突破口，而这切入口、突破口正是文化的生长点、教师教育哲学的关怀点与提升点，是艾瑞德十年办学经验的凝练，也是艾瑞德的文化制高点。艾瑞德的故事总名称就是"善者因之"。

"善者因之"，对校长而言，意味着什么？抑或说对校长有什么要求？可以从"善者因之"开拓出去，用歌德的话来阐释："给我狭窄的心，一个大的宇宙。"心是狭小的、狭窄的，但心胸是广大的、宏大的，好似"一个大的宇宙"。李建华校长正朝着这一方向不断努力。他将艾瑞德装在心里，将每一位教师、每一个孩子都装在心里，把全身心都献给了艾瑞德。那"校长60秒"的每一秒，那家校合作的"相约8：30"中校长表扬电话的每一分，都是一次善的唤醒与激发。校长是有温度故事的设计者、组织者和创造者。

"善者因之"，对教师而言，意味着什么？抑或说对教师有什么要求？同样，可以从"善者因之"开拓出去，用雪莱的话来阐释："道德的最大秘密就是爱。"《哈利·波特》的作者 J. K. 罗琳说："爱是一种最古老的魔法。"确实，中华文化中的伦理道德是以仁爱为核心的。艾瑞德的几乎每一个教师都是爱的守护神，不，他们就是爱的天使，把真诚、无私的爱洒向每一个孩子，无论是幼儿园的，还是小学部的；无论是学习成绩好的，还是学习暂时有困难的；无论是家庭背景好的，还是家庭背景特殊的……爱是平等的、公平的、不求回报的。爱又的确像魔法，使孩子变得文明起来、聪明起来、勤劳起来、善良起来、健康起来。艾瑞德的故事的确是爱的故事，而爱的温度可以传递，让整个艾瑞德都变得温暖、光明、美丽。总有一天，艾瑞德的孩童将带着"爱的魔法"走向人生，走向社会，走向世界，为人类做出爱的奉献。

"善者因之"，对学生而言，意味着什么？抑或对学生有什么要求？同样，可以用马克思的话来阐释："只有在共同体中才有可能有个人自由。"艾瑞德是个共同体，是冬天的火炉，是幸福的港湾，是精神的家园。共同体有共同的理想，艾瑞德孩子们的共同理想就是爱国、强国、报国，为成为可以担当民族复兴大任的时代新人打好基础。共同体有共同的规则，大家都遵守规则，大家也就都自由了。自由是创造的保姆，艾瑞德成了儿童创造的王国，创新精神、实践能力在校园里已长成了小树，将会长成一大片森林。

当然，还可以追问家长："善者因之"对你们而言究竟意味着什么？对新时代的家长提出了什么新的要求？艾瑞德的家长已交出了精彩的答卷，他们会讲出有温度的"春天的故事"。

为郑州艾瑞德国际学校建校十周年，我写了以上的话。不是谦虚，这篇文章没有书中的文章写得好，但我坚信"善者因之"。我也会变得更好。

谢谢艾瑞德创办人孙银峰先生，谢谢李建华校长，谢谢所有的教师和孩子。祝福你们，祝福艾瑞德的下一个十年！

成尚荣

（国家督学，教育部基础教育课程改革专家委员会专家，中小学教材审查专家，中国教育学会学术委员会顾问）

目录

沸腾的校园

蹒跚的姿态

行走的印记

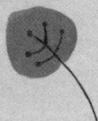

明亮的教育

澄澈的生活

宁静的书桌

教室是一个神奇的学习场域，孩子们在已知和未知中穿梭，在书本与生活中漫步，在思考与实践中求真，在朗读与写作中学习。他们静静聆听精神的拔节，慢慢探索学习的秘密。这样的课堂是安静的，专注思考，有效有悟；这样的儿童是真实的，张弛有度，缓急有序。我想，沸腾的校园里一定有一张宁静的书桌。

终于等到你

体育课，我坐在空空的教室里，异常安静。刚刚读完孩子们写的日记，脑海中回想着昨天的点滴。抬眼看去，桌面上摆放着天蓝色的姓名签，我不自觉地开始对着姓名签去确认每个孩子的样子，回忆每个家长的面容。

五年级（6）班，29个孩子，29个家庭。这应该会成为我接下来工作的全部吧。从开学前一天的家长会到今天，第四天了，终于开始有了一丝心安与喜悦。几天的时间里，心情波动的频率非常高。这种高，有忙碌，有顾虑，有思考，也有期待。

在开学前做筹备工作时，我就把办公桌搬进了教室，一点一点把教室变成想象中的样子。别人半天就完成的整理，我花了三天，大部分时间都在教室里漫无目的地踱步。许多布置也是在踱步时想到的。除了一应调整与布置，我还会在每张课桌前坐一坐，试试高度，看看角度。写姓名签的时候，默默记下每一个名字，去想象这会是怎样一个活泼的孩子。许多老师都说我过度在意，而我自己知道，我是在与教室培养感情。我相信教室是有能量的，而这个能量是可以培养出来的，我们倾注的一切，它都能收得到。我想用有温度、有能量的教室迎接每一个即将来到这里的孩子。在他们还没有到来前就去建立"链接"。同时，既然决定钉在教室，也要为自己营造一个舒适、安心的空间。

周一早上，一个个孩子或害羞，或装作若无其事的样子走进教室。细细看去，他们也会有意无意多看我两眼，遇上我的眼神时，就立即躲开。那种大男孩、大女孩的羞涩许是这个年龄段孩子的特点。

课堂中的他们更自然一些，互动与回答都没有任何拘束。我们也达成了共识，要在课堂上多和老师进行眼神交流，无法目光对视时可以调整坐姿，或者移动位置。眼神是彼此建立"链接"最重要的方式，也是最不能遮掩的。看得见彼此的眼神，心里会更加笃定，关系也会更近。

第一天的日记，有三点让人兴奋：29 位同学全部完成；29 位同学都字体工整；29 位同学都很开心。所有同学都能按时完成，说明大家不排斥，字体工整说明孩子们语文素养不错，最重要的是他们心情很好。在某种程度上说，这就是老师最喜欢教授的班级。

有时我会感慨，当生活突然闯入好多人、好多事时会是一种什么样的感受呢？经此开局，一切都在朝着越来越好的方向发展，这种好是柳暗花明的欣喜，也是拨云见日的欣慰。

既然决定了开始，就做好了出发的准备；

既然选择了远方，就会一直行走在路上；

既然必须有结尾，就会尽力去书写美好。

给予是快乐的

　　下午课外活动时间，我与班里的孩子一起打扫卫生，书架上一排排旧书已经被搁置了几周，一直没人翻看。去整理的时候我才意识到，这一批书可是老古董，是孩子们一年级入班时带来的共享书目。随着时间的推移与逐渐成长的思维，这些书已经离孩子们渐渐远去，不再具有吸引力。守着几十本旧书，再看看本就不宽敞的教室，该如何是好呢？原本想着按名单让孩子们带回去，顺嘴一问，好多孩子没有弟弟妹妹，带回去也无用武之地。只有发挥价值，书籍才有其存在的意义，何不送给正需要的人呢！

　　很快，我与孩子们达成共识，并在学校引起不小的轰动。我们选定我曾经带过的二（3）班作为赠予对象。这样的"链接"，使我们的距离瞬间就近了。派谁去送呢？一个个争先恐后的小手兴奋地高举。最后，一个孩子提议，我们不仅要送书，还要结成友好班级。一个一个的孩子站起来，用演讲的方式表达自己想要去送书的热情。最后，七位同学为自己争取到了赠书的机会。

　　出了教室门，子程说："老师，我们需要提前排练一下，才能更好地展示我们班级的形象。"我向他投去了赞许的目光，当孩子发自内心做自己想做的事情时，其状态与思考真是令人刮目相看。我接受了他的建议，我们极其顺利地完成了一次彩排，感觉好极了。

在二（3）班的一片欢呼声中，七名代表郑重地走了进去。没人主持，也没人指挥，他们一个接一个地自我介绍，极其流利。第二轮的赠言也没有按站位顺序进行，无空当无扭捏，孩子们自然而然的真实表达，让我颇为吃惊。言语表达中有对二年级同学的"谆谆教导"，有读书感悟、经验分享、学习祝福……二（3）班同学听得频频点头。七名二（3）班代表，用鞠躬礼表达了感谢，并庄重地接过大哥哥大姐姐送来的书籍。他们脸上洋溢着激动与兴奋的神情，抬头去看赠书的大孩子，一种满足与快乐不言而喻。

出了二（3）班教室，七个同学再也抑制不住自己激动的心情，跳了起来。一个孩子说："我终于体验到了给予所带来的快乐的感觉。"

简单的想法、不简单的举动带给五年级孩子赠予之后的快乐。或许这是一件简单的小事，但会成为他们内心善念的一个触点，播下善的种子，未来将会收获无限的可能。

简单的想法、不简单的举动也带给二年级孩子幸福的味道。他们收获的不仅是一批书，还收获了一个班的大哥哥大姐姐的关怀。这样的"链接"会引发他们读书的意愿，也会收获传递的喜悦，未来，这份善也会在他们的手中传递下去。

"给"永远比"拿"要有意义。价值观影响着一个人的发展走向，举动再小，也要去做，善意再微，也要弘扬。一个班级的文化潜移默化地影响着每一个孩子。每个人都是班级里不可或缺的存在，班级里流动着什么样的力量，才是班级最为重要的因素。让善与爱成为班级的主旋律，只有这样，每个人才是最有价值的存在。

打造一方小天地

周末如约而至，暂别校园生活的你，回到温馨的小家，会做点什么为自己的生活加分呢？

细细想来，一张暖心的小床，能够安放深深的眷恋；一张干净整洁的书桌，能够营造周末高效学习的美好氛围。对，再加上一次家庭会议，让全家人的能量汇聚到一起。第一周实践作业三件套，齐了！

我与孩子们沟通确定后，随即又在班级确定了记录员来负责记录，截止时间为周日晚上六点。马小川、石梓硕自荐承担这次记录任务。两位同学在黑板前郑重地领过记录表，并拍照留念——每一个仪式都会带来责任感的迸发。两位记录员表示，一定会认真做好记录。

他们的表现超出了我的预期。当天晚上 9 点 51 分，我就收到了第一位同学分享的照片，心中不免激动万分。周六一早开始，班级微信群的照片纷纷传来。我瞪着眼睛仔细欣赏每一个孩子整理好的床铺和书桌。真是太有意思了，它们风格各异、独特有趣，但干净、有序、温馨、舒适是它们共同的特点。此外，每个孩子的喜好与风格也在各自的照片中淋漓尽致地呈现了出来。借此，我也可以更多地了解孩子们。整理物品最大的好处在于"断舍离"，看似整理的是物品，实际却能让思维更加清晰、明澈。

关于家庭会议，周五有几位家长表示有些迷茫，不知道要怎么开。首先，既然是家庭会议，全家人都要参加。其次，孩子在学校一周，家长也忙碌一周，坐在一起分享各自的收获与感受，是彼此支撑最好的方式。孩子需要了解家长的生活与工作，家长也要了解孩子的所思所想。家人之间的沟通建立的是情感，形成的是家风。再者，通告家里的大事小情，能让孩子觉察到自己的存在感。不仅孩子需要被关心，家长也需要被关心。没能教给孩子如何关心他人，怎敢奢求他们长大后具有这样的能力。与此同时，又可做下周的计划，定定目标，设设愿景，彼此祝福。这让我想到了幼时大年三十晚上团聚，晚辈要给爷爷奶奶磕头，拉拉家常。家是一个能量场，无论大人小孩都需要家的滋养。借助带有仪式感的家庭会议，拉近全家人的距离，可以为每一个成员的再出发蓄积能量。

这个周末我是泡在班级群中度过的，翻看一张张照片，新的一周仿佛就在眼前。打造好自己的一方小天地，才能在集体生活中更加得心应手。亲爱的孩子们，新的一周加油哦！

日记，日记

入秋的微风让每一个清晨多了一分清醒，少了一分朦胧。早晨的时光宝贵，用来阅读再好不过了。坐在教室靠窗的角落，翻看昨晚的日记，文字中的画面就像排好队准备入场一样，一幕一幕，一点一滴。

孩子们的日记有流水账的味道，详细记录了一天的生活和学习：早读、吃饭、第一节课、课间操、课外活动、打扫卫生等。有的时候竟然会看到结构顺序类似的几篇，不过一定不用怀疑是互相借鉴的，因为学校是集体生活，而集体生活最显著的标志就是同步。相同是应该的，如何在相同中引导出不同，是我接下来的重点工作。

首先，日记是记录。记录一天的生活，记录当下的心情与思考，故而不存在好与坏、差与优。而日记从另一个侧面能看出每个孩子不同的视角与思维。读着读着，越来越多的不同让我兴奋起来。

其次，日记是脚印，是走过一段路程后留下的深深浅浅的脚印。下午课堂上的日记分享，有两个孩子没有按时完成。他们没有被批评，只是少得了一次掌声。日记与时间同步向前，过去的时光不能被弥补，日记也不能后补。我请两个孩子在没有写完的那一页注明今日未完成。这也是一种记录，每天的生活不可能完全如意，会有遗憾，会有感慨。重要的是，坚持每天的记录。

再者，日记是朋友，是一个只要你愿意，会一直在侧的朋友；是倾吐心声，和自己对话的贴心朋友。

日记，日记！每一张、每一页都用语言描摹生活经历，用文字记录真实情感，用笔触勾勒多彩童年。

和男生一同起跑

　　五年级女子 1500 米领奖台上只有一个人——常灿，此刻的光辉与荣耀只属于她。

　　这名小女生是众多运动员中的一个，单从外貌与身形判断，她不是那种用直觉可以看出来的冠军，再看跑姿与频率，也不会让人觉得她有何与众不同。就是这样一个貌不惊人的女孩与男生一同起跑，并在男女混合组中获得第四名的成绩。

　　1500 米属于中长跑，是小学运动会田径比赛中距离最长的项目。没有接受过田径训练的孩子一般都会望而生畏，尤其是女生。在动员报名时，班级就遇到了极大的困难。女生宁可哭一把鼻子也不愿参加这个项目。暗中观察的我，看到了坐在角落的她眼中闪过一丝光芒，也正是这一丝光芒，她被我推上了 1500 米的赛道。在临上场前，由于有孩子弃权，全年级仅剩两名女生参赛。组委会决定这个项目的比赛男女生同跑。暂不论结果如何，单从心理上这就会带来极大的影响。我的心里着实为她捏着一把汗，本想走到她的身边耳语几句，却是心往之而身不由。

　　得知这样的消息，班级里的孩子们也从各个区域回到班级位置。喧闹的操场也安静下来，大家一起屏息凝神，等待着发令枪的响起。站在男生中间的她格外显眼，能看得出来她还是很紧张的，双手紧握，但眼神坚定。

起跑最能看得出一个孩子的心理素质，为了避免不分道次抢跑而摔倒，多数有经验的运动员都会选择慢起跑，让起跑。她没有让，也没有抢，不卑不亢，稳稳地起步，并且一直保持在第一梯队中。一圈、两圈……她匀速向前，也会抓住弯道时机奋力超越，丝毫没有退却之意。我们的啦啦队也空前整齐，每个人都使出浑身的劲儿呐喊加油，好像加油的力量可以传输给常灿一样。

1500 米跑下来没那么容易，记得小学参加田径队训练的时候，1500 米就是我的强项。教练说："要想参加 1500 米的比赛，就要按照 3000 米的标准训练。"那个时候，学校的操场 300 米一圈，我早晚各 10 圈，坚持了好几年。到现在为止我还清晰地记得弯道处有一个小坑，每次坚持不住的时候都想假装扭到脚，就不必再跑。虽然念头一直在，但我从来没有这样做过。在大家看来我跑步很厉害，其实只是坚持得久了一些。运动极限是很难克服的，跑步技术是一方面，更重要的是毅力。

看着赛道上的她，没有任何一圈有过放弃的念头，身上迸发出的力量感染了很多人。每一圈都有变化，或是追上了一截，或是赶超了一个。我实在不能安坐于场外，便借了一个裁判证，一路绿灯来到终点。说是绿灯，其实也是因为她的表现感染了严格把关的家长志愿者，让我这个班主任能在第一时间去守护这个勇敢奋进的小女生。拥她入怀，是本能动作，抱着小小的她我激动不已，眼泪在眼眶里打转。

这是一个内在有力量的孩子，尽管表面柔弱，但有一颗坚强勇敢的心。无惧无畏，奋力拼搏。为她鼓掌的同时，也让我更加强烈地感受到优秀儿童应该有的模样。一个孩子的强大不是身体的强大，不是学习的强大，而是内在力量的强大。拥有一颗无惧无畏、勇往直前的心与一份柔软、善良、包容的爱，才是一个孩子最为优秀的标志。

一开始就知道会输

一开始就知道结果，你还愿意参加吗？

一开始就知道没有赢的机会，你还会全力以赴吗？

一开始就知道会输，你还会淡定从容吗？

"艾运会"首个比赛日，我们就迎来足球小组赛的第一场——对阵五（2）班。

操场经历了前几日的连阴秋雨，少了夏日的炙烤，凉风徐徐，格外惬意。蓝天、白云配上绿茵草坪、红色跑道，相得益彰，一幅心旷神怡的画卷展现在秋日的午后。

当我把班级集合整齐，为今天中午的比赛做赛前动员时，一个孩子尖锐的声音响起："刘老师，我们要弃权！你可能不知道，五（2）班的参赛队员都是校足球队的，我们根本没有赢的机会。"此时，不远处的五（2）班运动员们身着玫红色球衣，正熟练地做着热身运动，貌似在呼应着我们必输的结果。再看看其他孩子，他们嘴上虽然没说话，眼神中却满是认同。瞬间，我的心也乱了，怎么安抚与带领他们呢？运动会的第一项比赛我们就弃权，这怎么可以呢？孩子们过了10岁，有自己的独立认知与价值判断，更应该赋予他们自主选择的机会。是以"鸡汤"灌养，还是果断放弃？一念之间的思考，冰火两重天。突然又一个声音响起："比赛就一定要赢吗？

我们体验一下不也挺好的嘛！"是啊，这个思路也蛮好的。输的结果，一开始就知道，是不是可以调整一下我们参与的目的呢？有哪些同学想参加，让他们做好准备。尽可能地让想参加的孩子都有上场的机会，不也是一种目标吗？

这样的想法让很多孩子看到了上场的希望，他们围在场边聚精会神地关注着比赛，做好了随时上场的准备。比赛一开始，果如大家所言，五（2）班的运动员训练有素，看上去更专业一些，而我们班的孩子像摸不着方向的小鹿在四处乱撞。这样的情况引起了班级同学空前的关注。所有人开始动起脑筋，如教练员一般站在场边喊着方位，加着油。同时有秩序地有人替补，有人下场。换了几人后，孩子们慢慢找到了感觉，节奏也更稳了。邹宁泊的一脚进球，让班级沸腾了。后半场的比赛没有人提出上场，也没有人要主动下场，稳定的势头一直发挥到最后。尽管三比一的败局早已注定，却是此败非彼败。尽管比赛前憧憬的目标也没有完全实现，却收获了一份班级共赢的力量。

到此，才是刚刚开始。在足球比赛前，马小川主动承担了足球队长的角色，在结束比赛回到班级后，他发起了足球运动员的招募。孙一铭更是用图纸画出了对阵图。原来，孩子们天真地以为预赛是热身，还有正式上场的机会。他们在这次预赛中看到了希望，重燃斗志，准备再出发。

半个小时的经历，又刷新了我的思考。预期的目标与最终的结果，都不在意料之中。全身心的投入与上下一心的凝聚力，带给班级新的力量。尽管一开始就知道会输，我们却升起了可能会赢的希望。

教育是点燃，是激发；输的是一场比赛，赢的是对未来的希望。

我和你的田间地头

原本的花园、果园、菜园，经历了暑假的疯长，已看不见果树，更看不见土地。一指粗的狂草喧宾夺主，数十种叫不出名的杂草各具韧劲。"班级一亩田"里，锄草工作成了第一难题，果树在其中，机器锄草首先被排除。久旱未浇，铁锹翻不动旱土，果断放弃。唯有镰刀割草可一试。

盘旋的念头在一次又一次的亲身试验中落地。"想"永远都是"想"，只有"做"才会逐渐清晰，找到感觉。

一轮草割下来，"一亩田"的轮廓变得清晰，两行果树如蒙尘的遗珠，又回到了中心位。后方的竹子也像找到了队伍，迎着秋风呐喊呼应。尽管离春天的样子还相距甚远，但是秋天来了，春天还会远吗？此刻，我心中的石头落地了。

秋分时节，雨露滋润。连续一周的降水，下得我心神不宁，唯恐刚刚割掉的杂草又迅猛生长。好在一切都刚刚好，中秋假期就像是为了种地特意安排的一样。

雨停天晴秋风起，正是种地好时机。心有灵犀地与两个家庭一起前往，由于事先没有沟通，我们到时，一组家庭正欲离开，缘由在于无从下手。好在正好遇见，一起回到田地，三两句话的沟通重新燃起了希望。我们移走了入口处的十几株玫瑰花树，又规划了犁地的路线图，抱走了覆盖在表层的干杂草。很快，机器声响起，进入第二阶段——翻地。站在一旁看着一排排的土被有节奏地翻起来，我不自觉地蹲在地上，将两只手深深地插进泥土，凉凉的感觉，真是太舒服了。

出发前，心中默许，今天能把地翻出来就完成了目标。可看着眼前已经翻好的土地，我却一步也不想离开。好在，有备而来。为了今天的种地，我一早准备了煎饼、寿司、葡萄、火龙果、鸭脖、水……组织孩子们来一场"地头冷餐会"，也别有一番趣味。我鼓励小渔儿做主持人，介绍食物的准备过程。哥哥、姐姐、阿姨们席地而坐，就着微风，吃着美食，惬意之感扫去了疲劳之意。

我试探性地问了问大家是否有种植需要的种子。还真有！我想起了一句话："刚好我需要，恰好你都有。"天时地利人和，一亩田进入第三阶段——播种。一股莫名的劲头，让我们迅速丢下铁锹拿起耙子打起埂来，孩子们争先恐后地撒种子。菠菜、萝卜、香菜、小青菜分区播撒，小脚丫把种下的种子一脚一脚地踩平。看着一块块方方正正的菜田，我简直要手舞足蹈起来。

接近下午两点的时候，我们完成了三分之二的播种，留下三分之一给明天。归置完农具，回头看到了路上的干草，又不自觉地走上去想要清理掉，这次被拦住了。来日方长，又何必急于一时？

看到希望，就会舍不得放下；看不到希望，就会迟迟不愿动工。我们常常会把希望寄托于他人或者环境，殊不知，希望在自己，"做"就是希望的开始。"想"和"做"只有一步之遥，回想起这一段时间我对"一亩田"的思考，远远超出了实际去种的时长。然而，"做"真是太有意义了，"想"来的烦恼，用"做"冲刷掉吧！

○ 珍贵的存在：一张宁静而温暖的书桌 ●

田园课程里的小镜头

步入六年级下学期，我总是格外地珍惜。日子匆匆走过不能回头，会成为一辈子的记忆。两天一夜的田园课程结束了，我悄悄记录下这些镜头。

从三年级开始上田园课程以来，这次是最轻松的一次。农场老师带领孩子们上课，我就乐得清闲，顺便可以站在外围做一些观察。

镜头一：总在外围游离的孩子，你们在寻找什么？

田园课程多以集体活动和细致观察为主，通常会有一些挑战等着孩子们，用凝心聚智、众志成城来形容班级团队一点儿也不为过。就是这样热火朝天的氛围，却依然不能吸引所有孩子的注意力，总会看到三个孩子若无其事地置身事外，游离在边缘，或是低头乱转，或是自己找寻其他的乐趣。收到大家提醒的时候，他们会回到队伍中，可坚持不了多久就又一次置身事外。我本以为这是偶然，可事实证明那是他们的必然。这类孩子无主动参与活动的意识，并非不感兴趣，他们要么觉得人多，自己没有表现的空间，要么觉得自己不重要，参不参加都不影响什么。就连我们围圈分享的时候他们也不愿意站在圈上，总想把自己隐藏起来。

镜头二：汤洒了，和我有什么关系？

早饭结束后，我发现桌子上有汤洒的痕迹。询问旁边一个女生，她说不知道。我不死心，又追问："你旁边刚刚坐的是谁？"这下她脱口而出，是某某同学。看起来，她在心里下了一个这样的判断：汤洒了和我有什么关系？我又找到了洒汤的那位同学，他也是一脸无所谓的状态，好像汤是汤，我是我，汤洒了和我没关系。是啊，汤洒了是汤的错误，和我们都没关系。

镜头三：我没说话，凭什么？

进入餐厅刚好看到这样一幕：几个同学在排队打饭的过程中互相打闹，说说笑笑。农场老师在一旁制止，要求孩子们到外边重新站队。四个孩子极其不服气地顶撞了几句，走出了餐厅。我紧随其后出来，把他们叫住。其中一个孩子委屈且不屑的眼神让我愣住了。我把他留到最后，还没张嘴，他的眼泪就唰唰往下掉。询问得知，他觉得自己没说话，只是听其他人嬉笑就被老师批评了，心里委屈。听到此处，我心里很不是滋味，一则觉得冤枉孩子是老师不对；二则回忆起刚才的情景，觉得孩子置身其中乐享刚才的氛围，后来却认为自己为此受到批评而委屈不已，这同样引人深思。

镜头四：你会如何看待自己？

早饭后和孩子们围圈而站，我问了大家两个问题。第一，我们入营的时候共同制定了公约，你是否遵守了？第二，遵守的孩子，你如何看待自己？没有遵守的孩子，你又如何看待自己？我没有请学生发言，自己评价自己就好。这个环节对孩子们而言是一种自我能力提升的过程。遵守的孩子，在意识里就对自己又多了一丝肯定，而不断累积肯定的过程，就是优秀品质不断生长的过程。没有遵守的孩子，在意识里会形成无所谓、不重要，或者觉得自己不行的暗示，久而久之，内在的力量会越来越弱。

上述几个镜头让我想到了家长常跟老师讨论的话题：孩子学习好不好不是最重要的，习惯好、品质好、有自信更重要。孩子的习惯如何养成？品质如何形成？自信从何而来？我们为他们创造的环境固然重要，却敌不过孩子对自己的看法。我们总是拿外在的观察和比较来评价孩子的好坏，孩子仅是为了自己的外在形象而做出行为。为什么有的孩子只是在某些时刻、某些场合、某些人面前表现得好，一旦遇到委屈、否定、挫折就会完全崩盘？因为这仅是为了取悦，为了获得，为了安全感，根本谈不上品质生长。品质一定是自己在生活中不断地承担、付出、包容、负责后累积肯定，慢慢从心里生长出来的。现在我也越来越理解包祥督学在《教育原来如此美好》一书中所讲到的，要对孩子少评价，模糊评价，或者不评价。让孩子自己对自己评价，从心底认可自己，方可成为一个内心强大、品质优秀的孩子。

孩子 12 岁，已经进入青春期。外在的形象俨然快和成年人无异。这样的错觉让孩子觉得自己已经长大了，凡事可以自己做主。自己说的、做的、认为的全是对的，当然他们偶尔也会目中无人。其实他们的三观还没有完全形成，部分偏激的想法、做法、说法不被认可时，他们的情绪很容易陷入极端。这个时期，我们要尊重他们，并且及时地引导他们通过自我评价来建立正确的三观。从未来的角度来看待和引导现在的孩子，任重道远。

最珍贵的礼物

今天是教师节。我静坐在办公桌前欣赏着孩子们送来的鲜花，心中却泛起朵朵涟漪。翻看着带着温度和祝福的卡片，幸福的滋味不言而喻。七年的教学生涯，让我对教育有着坚定的执着，对学生也有着格外的情感。也许是相处久了，也许是互相依赖了，也许是真的共情了……

一次，因家中有急事要缺席晚自习，我走之前，不放心地交代了许多事情，才惴惴不安地离去。第二天一大早我赶到学校，着急地想要找孩子了解情况，桌上的一张留言条却引起了我的注意。我看到下面的日期正是昨晚，就拿起来了。

亲爱的刘老师：

您好！

不知道小妹妹好点了吗？大家都很关心她。

今天晚自习，教室很安静，我们的作业都写完了，还看了一会儿书。刘老师（辅导员）把我们接走了。窗户、饮水机、门我们都检查过了，您可以放心了。哦，对了，都政良的妈妈把他接走了，说明天早上再送过来。我也和宿舍老师说过了。

○ 珍贵的存在：一张宁静而温暖的书桌 ●

刘老师，您也要注意身体，早点休息。希望您早点回来。

王彦翔、吴依伊、程莞茹
3月2日

　　短短的几行字，看得我泪流满面，我不是因感动而落泪，只因这些话真正地说进了我的心里。留言条中交代的三件事正是我关心和迫切想要了解的。这一次，我体验到了做老师的幸福，也收获了心的回报，能与学生共情是我最大的幸福。

在芦荟被打翻后

　　入春后的三月，明媚的春光比期待中少了些许，凉凉寒意似乎不舍退去，时时飘来些分不清季节的雨滴。

　　没有春光的陪伴，午饭后的操场散步略显孤独。回到教室，我坐在办公桌前，一两个同学半趴在办公桌上与我面对面，视线正好平齐，偶尔几声爽朗的谈笑声仿佛比散步更能消食。许是突然起了凑热闹的心，许是被同学们露出的诡异笑容吸引，我箭步冲来。当最后一步的前脚刚刚迈出，时间戛然而止，大事即将发生。貌似故事总喜欢在这样的瞬间开始——砰的一声，讲桌旁的一盆芦荟干脆利落地直线落地。毫无悬念，花盆碎片姿态不一地躺在地上，等待肇事者给说法。而芦荟却不失风度地在泥土的守护下直直立在碎片中央。

　　本以为各路英雄好汉一定揭竿而起，讨伐肇事者。这盆芦荟是 2016 年圣诞节班级联欢会互换礼物时，我为同学们精心挑选的礼物，寓意"青春之源，勃勃生机"。后来，这盆芦荟就成了班级的一分子，置于教室最前端的窗台上。程莞茹的一句"刘老师，咋办？"将我的思绪拉了回来，我一脸无辜地说："我也不知道。"这时崔玥已经拿来了扫把清扫碎片，其间还有同学询问："碎片要不要扔？"得到确认后才有点不舍地将碎片扫入垃圾桶。碎片好处理，可芦荟如何处理呢？

○ 珍贵的存在：一张宁静而温暖的书桌　●

我抱定不干涉的心态，就当无事发生一样，佯装看起书来。莞茹小心翼翼地张开手，将芦荟连土捧起放在自己的桌面上，眼巴巴地看着芦荟，不知如何是好，那个为难劲儿恨不得把自己的额头皱成包子褶。继而，她左顾右盼地望了望四周。另一个同学走来，站在一旁，虽没提供好主意，但用陪伴的方式支持了莞茹。

　　看起书来的我不再关注此事。再次引起我注意的是都政良那句兴奋异常的话："等一下，我有手套。"都政良以迅雷不及掩耳之势回到自己的座位，把头伸进桌斗里开始奋力翻找。我看到一道亮亮的光芒从桌斗缝隙里透射出来，再一次被他那喜悦兴奋的眼神感染了。这份扬扬得意不是因为他找到了手套，而是觉得自己有先见之明没有把上周田园课时用的手套带回家去。

　　只要想解决，就一定会有办法。莞茹腾出自己的彩笔盒，拆下底座，目测底座的大小似乎可以装得下芦荟。政良的手套也恰到好处地体现了它的价值。莞茹戴上手套，又一次小心翼翼地捧起芦荟，放进了属于它的新家。政良不愧为"小谐星"，瞬间又变出一副手套，自己戴上，和莞茹一起，用食指轻柔而颇有节奏地按压覆盖着芦荟根的泥土。依稀记得《手指》一文中曾说，食指的姿态可不如其他三指窈窕，都是直直落落的强硬曲线。它的工作虽不如大拇指吃力，却比大拇指复杂，具有大拇指所没有的"机敏"，打电话、扣动扳机必须请它。

　　的确，这样的精细活儿食指最擅长。几圈过罢，两人收手，看着眼前重新收拾好的芦荟，嘴中念叨着："人挪活，树挪活，芦荟也一定能挪活。"昨天的晚自习，我讲了一篇题为《挪树》的阅读理解，上面说："人挪活，树挪死。"可事实证明挪走的蜡梅树凭借顽强的生命力，竟活了。作者在结尾感叹道："这里的风物一定会'疏影横斜水清浅，暗香浮动月黄昏'。"芦荟亦能如此，从心底里升起的祝福和期待弥漫在教室的角角落落。莞茹和政良安顿完芦荟，满意地将它又送回了"老家"。未来的时间里，让我们亲自来验证挪活芦荟的试验吧。

　　事情就这么结束了，没有群雄揭竿而起，没有对肇事者的指责和奚落，没有引起班级的极大轰动，我也没对此事做任何点评。一切平静得出乎意料。莞茹不是肇事者，只是位置离得近；政良不是肇事者，只因他有适合的物品。当然，还有一群顺手捡拾碎片的同学。事情在安静中得到妥善的处理，力所能及，顺其自然，让我对这几个小伙伴油然生出敬意。

　　不去当判官，不去评判对错。是谁打碎了花盆又有什么关系呢？妥善处理不就好了嘛！只要我愿意，这盆芦荟就和我有关。再者，孩子们天性善良，不是为了得到夸奖而行善。评价要具有模糊性，最好不要评价。评价的导向性有时会影响儿童与生俱来的品质。我们往往都过于擅长评价，但评价是对孩子进行外部刺激的一种方式，常被刺激的孩子就少了安静，常被刺激的大人就变得功利、浮躁。泰山崩于前而色不变，麋鹿兴于左而目不瞬。这一份内心的笃定和安静在当今社会中显得多么难能可贵啊！

　　"天地无人推而自行，日月无人燃而自明，星辰无人列而自序……人之所以生，所以无，所以荣，所以辱……皆有自然之理，教育应是自然生长。"太阳一年365天从不停歇地东升西落，不因有没有评价而选择性地工作。一年四季的更替，也没有因我们常常赞美春天而留春不前。"数之所在，理不得而夺之"，孩子的生命生长过程，理应有其内在动力和天赋，用大人的思维和评价去干涉孩子的生长是不可取的，减少我们对孩子的干预，减少我们的评价，只是陪伴他们，一路同行。

麻　雀

夏末秋初，晚饭以后，教室内丝丝凉风袭来，舒适惬意。窗外的蝉鸣依旧悦耳，为寂寥的傍晚增添了一份乐趣。教室里人员聚齐，就着凉风，和着蝉鸣，品读三国。

一只麻雀无端闯入，不知何时到来，又似找寻不到出路，在教室里乱撞。看到麻雀的困境，爱心十足的孩子们纷纷献计献策，突然有人提议，我们应该把教室所有的门窗打开，相信它一定可以自己飞出去。

在焦急中等待，在陪伴中坚定，在坚定中相信。许是幼雏的缘故，小麻雀在窗台奋力地扇动翅膀，可就是无力飞出。在频繁的晃动中它竟掉入空调与墙之间的缝隙中，有的同学已经坐不住，跑到一旁，被我阻止了。

渐渐地，一部分同学又把注意力转移到书上，慢慢淡忘了麻雀……

下课了，有同学想起来跑到夹缝去看麻雀，却惊奇地发现它已经不在了。它是什么时候飞出去的？我们竟然没有察觉。

事后，我与同学们分享：很多时候我们都会像麻雀一般，跌入某个困境。这时需要的不是有人救赎，而是自我的经历与探索。旁观人需要的不是伸出援手，而是举起一盏灯，帮助我们看清道路。独自走出才是最好的成长，于人于己都力量无穷。

如此少年

　　今天是张义康的爸爸约定来上家长课堂的日子，我一早与孟想、于嘉会、徐溪彤等几位同学约定好午后一点半来教室准备板报。这几个孩子很是守时、细心，反而衬出我的粗心——我居然忘记提前问义康爸爸讲课的主题。孟想的字很漂亮，半个学期以来，班级的板报基本上都是由她主写。我观察过孟想，她极其细心，每写一笔都恰到好处，偌大的黑板并不会因字多字少而显得拥挤或空落，这大概就是一个孩子的全局视野吧。于嘉会、徐溪彤、马子涵是绝对的"黄金搭档"。他们站在黑板前，尽管地方拥挤，却可以同时动笔，貌似不需要商量，各画各的，实际上却协调有序，浑然天成。如此少年，各得其所，相得益彰。

　　板报主题是"新能源汽车"，没有汽车总感觉缺少些什么。在大家的推荐下，张浩森和刘鹤扬一同上台 pk 画小汽车。更令我吃惊的是孙一铭和刘文浩，他们在第一时间为两人递上了汽车模型，配合得天衣无缝。五分钟内，画作完成，真是刷新我的认知。如此少年，反应迅速，相互支持。

　　义康爸爸在洛阳工作，今天是专程赶回来的，准备充分且比约定的时间早到了 15 分钟。他把课程设计思路与我和张姗姗老师沟通，特别认真。他笑谈没有给孩子们上过课，心里有压力，需要提前来做准备，这样的认真本身也是一种示范。

○ 珍贵的存在：一张宁静而温暖的书桌 ●

铃声响起，孩子们陆续从宿舍回到教室，看到教室里来了陌生的家长，学生们会做何反应呢？我好奇地观察着。最先进来的是张钰昊，他径直走来，主动伸出右手和义康爸爸用力地握了握。太不可思议了，义康爸爸感慨地说："这是国家领导人的亲切接见。"大个头张浩森也大大方方走过来，在两三步远的地方，深深地鞠躬问好。看到他弯下腰鞠躬的样子，我的眼眶有点红了。午休时，老师还在宿舍处理关于他的事情，这才过了十几分钟，从他脸上竟然看不出丝毫情绪。这也许就是孩子，就是少年，他们有着简单而纯粹的世界与渴望长大的愿望。

每次活动都是孩子们展示的舞台，无一例外。这次要招募两位主持人，我让同学们自我推荐。宋奕辰首先走上台来，在我转身间，他脱掉了外套，整理了卫衣，瞬间换了一种状态。进入角色之快，令人吃惊。在奕辰的邀请下，李佳星成了第二位主持人。两个人主动在一起商量如何配合，大概只用了两分钟时间，他们就开始了。落落大方，精神抖擞，语言的自然衔接是一大亮点。如此少年，用心让每一刻都精彩呈现。

义康爸爸不仅课上得好，还积极与孩子们互动，准备的小礼物更是深得人心。在汽车年份的计算上，覃梓航反应最快，得到了第一份小礼物。张义康作为课堂小助手，为覃梓航送上礼物。在坐下的那一刻，听到有人鼓掌，他又重新站起身来，鞠躬还礼。如此少年，礼貌可亲。

树多了，就成了森林，森林多了就影响了气候。每一点滴的瞬间都有汇成江海的可能。每个生命都是美丽的不同，这份不同也是其存在的珍贵意义。如此少年，是珍贵的存在，也是美丽的不同，更是最有价值的体现。

事儿不大，你看着办

明天，期末考试。

此刻，奋笔疾书。

本学期的最后一次晚自习，孩子们问我："这次期末考试，咱们板报用什么题目？"

我脱口而出："事儿不大，你看着办。"一阵嬉笑后，我的这句玩笑话竟成了板报主题。是的，想来也正合适。

孩子们从一年级开始参加考试，保守估算，六年下来，光期末考就要12次，更不用说单元小测、期中考试等。他们都是专业的考试选手，不用交代就门儿清。所以，考试于他们而言并不新鲜，却是大事。

学生一路走来，应该说每走一步都与考试有关，小学升中学，中学升高中，高中升大学，我们都与考试结下了不解之缘。

我小时候对考试有一种兴奋的感觉。除了紧张，还会有期待，期待自己能得双百。为此，考试当天早晨，必须要吃一根油条，两个鸡蛋，寓意美好，还会天真地以为没有考一百分的同学都是因为没有吃油条加鸡蛋。现在想来，真是傻得可爱。

中学时代，考试就是为了分班。我们每次考完，都会进行分班。三年下来，每个学期分一次，基本上全年级的同学都认全了，也算是考试带来

○ 珍贵的存在：一张宁静而温暖的书桌 ●

的福利。尽管从两门变成七门，但对于考试分班还是有些期待。

大学时代，考试完全变成了特殊时期的特殊事件。每次考前一个星期，穿着各式各样睡衣忙着借光复习的同学把整条走廊堵得水泄不通。那种刻苦奋进好像回到了高中时代。记不得要考多少门，只记得考试需要不停地写，仿佛写得越多，分数就越高。

现在工作了，尽管还是要与考试打交道，但从客观上讲，考试已经变成别人的事。同时，考试的味道也变了。看着不同孩子面对考试的不同反应，既熟悉又陌生。现在孩子的考试压力与我小时候截然不同，不同的起跑线，不同的努力程度，不同的消化吸收途径，纷繁杂乱的方式方法，让考试变得沉重、复杂、焦躁。

如何让考试变得简单，成了盘旋在我脑海中的话题。考试就是同学们在相同的时间里做相同的事情，没有任何附加产品。目的只是检视与发现，检视一段时间的学习情况，发现不足与问题。或许，这样的界定稍显片面。对于考试的结果，多半是学习过程中的努力所得，而非在考试那个时刻的压力下所写。

"事儿不大，你看着办"，是对孩子们的宽慰，也是期许。正确看待考试，以尽最大努力后的平常心，竭尽全力地顺其自然，用内心的坚定抵达，消灭惴惴不安的紧张心态。

亲爱的孩子们，事儿不大，你们看着办吧。开开心心地奋笔疾书，快快乐乐地流淌脑海中的储存，你们一定能办得很好。

心动不如行动

　　今天开始有了放假的感觉，除了时间的宽裕，行动的慵懒，心也真正地开始闲了。记得放假前与同事打趣："放假了，突然闲下来，会不会心慌啊？"事实证明，心慌不慌，要看自己能不能放得下！坦白讲，一直渴望能闲下来，多一些思考，把力不从心的事情做到极致。

　　打开班级群，浏览了英语配音和单词打卡。孩子们真是好乖啊！一个个配音数量足，内容优。打开电脑，把脑海中早就设定好的语文学科内容梳理出来，发在群里，与大家互动。尝试着建议孩子们开设"简书"，把日记编辑发表，方便留存，并把我的"简书"名片推荐给大家，起到互相影响的作用。不一会儿，就接二连三地收到了添加好友的通知，看来开始行动的小伙伴还挺多的。下午三点，第一篇简书日记在群里诞生了，是祁筠博这个帅帅的、话不多的大男孩发布的。随即，我用"心动不如行动"一言点赞。紧接着，李佳星、王研宇、张钰昊、雷懿轩、孙一铭、任晨烨、刘鹤扬、张义康纷纷发来自己的成果。仔细阅读那些内容，坦白讲，不如平日作文写得好，但此刻这些已经没那么重要。当新鲜事物来临的时候，心中不免会诸多设限，停留在心里的犹疑与脑海中的思虑会大大消耗那股涌上来的冲劲儿。做，就是最客观的结果。

　　晚上静坐梳理，计划带着孩子们每天背诵，设计了"进度计划表"。

○ 珍贵的存在：一张宁静而温暖的书桌 ●

对，就是"计划"，不知道从什么时候开始，计划先行成了思考方式。慢慢地，凡事先做计划，按照计划进行，心里也变得更加稳当，条理也自然清晰了许多。

从头翻阅课本，记录所需页码，不时还能背诵几篇，心中窃喜——不枉曾经教过两遍。整理完毕，打开手机软件做录音准备。我希望能把范读录出来，一则引起孩子们的兴趣，二则也是示范。上次用这款软件已经是三年前了，里面竟然还留存着之前的述职录音与演讲音频。听来，不免有些小激动。

翻来覆去录了好多遍，都不甚满意。一丝放弃的念头促使我开始百度网上的范读，用来替代。与此同时，心里的两个小人儿也开始打架，各执一词，正念的小人儿问："你还记得做这件事的目的吗？"这句话瞬间打败了另一个小人儿，我马上断掉了百度之念。这样岂不是与考试作弊一样？不可取。

从头再来，不给自己纠结与徘徊的时间，就是"做"。很快，第一课完成了，仔细核对一遍，没有错音，算过关。紧接着，后两课也还算顺利。或许，与大师相较，差距甚大，但敢于面对差距，立于人前，也算是勇气可嘉。

子曰："学而不思则罔，思而不学则殆。"同理也！人是思考型动物。有时，思考先于行动，也局限了行动。行动是客观的结果，而思考只是缥缈的未知。做与思，思与做是命运共同体。如果能将所思所想付诸行动，或许就是另一番天地。当你想不明白、看不透彻、不敢尝试的时候，就先放下思考，做一做，或许一切顾虑就会烟消云散。

你知道吗？它变勇敢了

本学期我承担了四年级的道德与法治这门课。借助这门课程，我再次与这个年级相遇，就像一年级的小朋友新入学一样，内心的期盼感十足。两年过去了，不知道这些小家伙的学习情况怎么样了。我一边细细地咀嚼教材，一边急急忙忙地制作教具，办公室的老师都笑话我，怎么变得像新老师一样紧张不安、激动兴奋。

是的，除了对学科的敬畏，我更多的是对孩子们热切的期待。

四年级六个班，每个班级都是那么亲切。两周的时间，除了在课堂上相互交流，在校园里遇见也变得格外热情。孩子们的单纯与热情总能感动我。

周三第二节是四（3）班的课，课后，孩子们围在我的身边，一个个热情的小脑袋问着诸多问题："看看我有什么变化？""我的头发剪短了，看着怎么样？""我胖是因为饺子吃多了吗？"……童言趣语总是成为幸福的羁绊脚步的因素。

周跃宽拿着一盆泛着紫色的含羞草，乐呵呵地让我来触碰。孩子们的目光瞬间被吸引到一起。我也小心翼翼地用食指轻轻触碰。咦！大家不禁有些吃惊，含羞草怎么没有收紧叶片，丝毫没有反应呢？在大家的提议下，我再次伸出手指使劲地触碰，它还是没有任何变化。含羞草生病了？被太阳晒坏了？……我和孩子们奇思妙想的讨论开始了。

　　我也有些好奇，在脑海里不断搜索能够说得通的植物学知识。突然，王云尘的一句"是因为它变勇敢了"瞬间使教室里的目光汇聚，形成一组追光，打在了王云尘的身上。王云尘害羞地说："含羞草和人一样，害怕的时候身体就会紧缩。但随着它慢慢长大，经历多了，也会变得勇敢，不再害羞也不再害怕。我们也一样，我们长大了，变得勇敢了，就会更加强大。"

　　简简单单几句话，赢得了同学们的高度认同。我也颇为吃惊，在孩子们的理解和认知里，身边的一切都是生命里一起成长的小伙伴，有血有肉有灵魂。我在心里对他竖起大拇指。这番见解也是一种勇敢，在众多议论中提出自己的观点，而且能站得住脚。

　　随后，我和孩子们一起查找了科学养护含羞草的相关知识。原来，在下雨天前后以及缺水时，含羞草的叶子都不太敏感，触碰它反应也不大。有了这些知识，他们很是开心，科学养护让一切都变得自然而然。

　　四年级的孩子，10岁，是从感性认识到理性认识的过渡期。他们内心既有对自己慢慢长大的自我认可，也有情感世界不断丰富的柔软想象。他们一边在渴望自我观点的抒发，一边是理性认知尚不健全的懵懂。和他们一起成长应该是件幸福的事情。

道德与法治课上的小故事

已过秋分，昼短夜长，微微凉风拂面，神清气爽。中原地区四季分明，季节交替带来的色彩让我们可以感受自然更替的过程。教室里的孩子们也在这样的季节充分展示着自己的特点。他们一边还是满头大汗，一边已是毛衫包裹，舒爽季节让生命可以欢腾雀跃。

刚开始上道德与法治课的时候，有不少同学都会问我："刘老师，你原来是不是教语文的呀？"本以为校园小，藏不住秘密，在细听孩子们解说的时候才明白，原来是我说话和讲课的方式出卖了自己。用浓重的语文表达来上道德与法治课是不行的啊！那就改吧！从教学设计的大胆尝试开始吧。

本周的课题是"我们班，他们班"。细细研究教材，内容不难理解，也好设计。抓住一个小环节带动整课的学习是常用的方式。这节课要在课堂上设计一个小调查，把孩子们分成小组，让他们走进不同的班级采访"他班"。这一方面是课程学习的需要，另一方面，我也想通过这个设计来更好地把握学情。

一听到这样的消息，孩子们异常兴奋，经过简单设计和排演就出发了。不一会儿就有小组无功而返，孩子们垂头丧气地说，上课的老师拒绝了他们的调查请求。尽管之前已经做了各类情况的预设与应对，但面对真实情景的时候，孩子们意识到自己没有想象中那样自信与强大。接二连三回来

○ 珍贵的存在：一张宁静而温暖的书桌 ●

的其他小组，像一群叽叽喳喳的小鸟，开心地分享着自己小组的采访细节。成功与失败的区别淋漓尽致地在孩子们的小脸上表现了出来。当然这也是最好的教育契机，事情的两面性可以使孩子们更好、更全面、更深刻地理解生活里的各种可能。接受不如意，扭转局面，创造更多的可能是我们一直努力的方向。

在之前的认知里，我很排斥同样的课上多遍。但真正上起来的时候，我却有了截然不同的体验。面对不同的班级，尽管上着基本相同的课程内容，却能开出不一样的花朵，带来意想不到的收获。激发不同，应该是一课多班的老师共同的乐趣吧。

基于前一个班的课堂情况，我在第二个班里稍做调整，不需要采访前的培训，改用对之前采访的小组进行点评的方式，落实相关细节，结果很是奏效。考虑到孩子们被采访的心理预期，这次设计了针对幼儿园小朋友的调查。在每组都完成了任务时，孩子们发现了很多有意思的地方。比如，幼儿园孩子们获得集体荣誉的机会比较少，七嘴八舌回答问题的场面很难控制，面对班级人数这个问题，每个孩子的回答都不一样。这些小问题激起孩子们内心更多的好奇。他们在操场上席地而坐，眼中闪烁出的光芒显然比之前的班级更明亮。

在我得意地为此次设计自我点赞的时候，一个孩子的情绪引发了我新的思考。出发前，因为小组分工方式没有达成共识，一个孩子拒绝参加活动，坐在座位上气鼓鼓的。我本来想走上前去跟他聊聊，谁料想，他们小组的成员全部回来，趴在他的身边各种劝慰，但貌似不见效。当其他同学说不再管他时，一个男同学迟迟不肯离去，在他的耳边斯磨了好久。这个固执的小男孩还是不愿意迈步，争取无果后，男同学也默默离开了。这个九岁的孩子心里能装着他人的喜乐，令人敬佩。

教室里只剩下我和没去的孩子，简单询问后得知，原来他是和一位组员发生了口角，又联想起之前和对方的摩擦，一下子情绪爆发，不愿妥协。

我没有强制他必须参加，和他有一搭没一搭地闲聊了一会儿。我问他："你觉得自己有错吗？"他斩钉截铁地说："没有！""既然自己没有错，为什么惩罚自己不参加活动呢？"他的眼睛瞬间就亮了，诧异地望着我，貌似有些豁然开朗，开始打开话匣子跟我攀谈。转眼间，采访小组陆续返回。孩子就是孩子，他们小组的孩子似乎忘记了之前发生了什么，迫不及待地跟他分享刚才的过程。他的脸上也露出了笑容，虽有点遗憾，但也不再怨谁。

这个小插曲，让一个孩子错失了一次实践体验的机会，但我也相信，当再次面对此类情况时，他会有不同的选择。

课堂是一个神奇的学习场域，我们在这里享受各种已知里的未知，与学生在学习与练习中穿梭，在精神成长中漫步。教育的使命更主要的是培养人的精神生命，我们要珍惜每一次可以培养精神成长的时刻。

老师，我想写书

秋意渐浓的十月没有冬日的瑟缩感，也没有夏日的燥热感，让人格外神清气爽，这正是读书的好时节。

在连廊偶遇一位小男孩，除了往日的礼貌问好，他还驻足问了我一个问题："刘老师，我想问一下，我们每天都要学很多学科，每个学科要求都不一样，有没有哪一项学习，是可以让所有学科都有进步的？"我一边惊讶地对他点赞，一边也在脑海中迅速地思考答案。

读书可以实现你所想。对！读书是对所有的学科都有益处的。一则简短的对话，也对我产生了不小的启发。

因国庆假期调休，周三的课程重复，四个班的课要快于其他班的课，这正是带着孩子们读书的好机会。联系好读书广场，我心里也踏实了。

读书是学校倡导的校风，读书广场与班级读书区是看得见的"乐读"场所，孩子们并不陌生，也了然读书广场的要求，无须多言，开开心心阅读即可。这样缓缓流淌的感觉很奇妙。

其间，也免不了给孩子们推荐适合的书。四（6）班孙逸辰同学来到我身边，悄悄地说要跟我讨论一个问题。我放下手里的书，静听他的问题。原来他正在思考写书的事情。主题已经确定，封面也已完成，纠结点在于是写长篇小说还是短篇小说。尽管有些意外，但我并不吃惊。"写书"一事在 40 亩校园里并不算奇闻。细细聊来，我得知他很喜欢儿童文学作家曹文轩，一口气可以说出很多他的书名，如《甜橙树》《三角地》《火印》《青铜葵花》《根鸟》《山羊不吃天堂草》……滔滔不绝中足见痴迷程度。话匣子打开后，我们俩的聊天吸引了杜鸿泽同学，他意味深长地说："听你们聊天，让我很受启发。"听到这个个头不算高、面相秀气的小男孩这样表达，也引起了我的好奇心。莫不是杜鸿泽也有写书的经历？果然，他讲述了自己和其他两位同学合作写书的过程，以及最后因为内容无法串联而放弃的经过。当我意识到聊天内容很有价值的时候，开始拿出手机边聊边记。关于写书的话题，大家都有太多想说的话。我也像一位记者一般采访着"当事人"。

比其他孩子个头高出一截的梁永平被大家公认为是写书写得最成功的一位，现在已经写了一万多字了。叶多地说："我写的是侦探小说，每次思考出线索和逻辑关联的时候，都很兴奋。"张宸睿分享了对于"平行宇宙"的理解。听着他们的兴趣点，我也频频点头，内心涌动着无限敬佩。

临近下课的时候，几乎所有的孩子都围过来。我就心里好奇的问题做了调查，四（6）班 32 名同学，28 人有写书的经历。是什么样的燃点，让这帮孩子如此痴迷写书呢？有同学提到了他们心目中的小偶像蓝敬程，他的科幻小说《我的世界之误入游戏》点亮了他们的眼睛，由此可见，同龄小偶像的力量不容小觑。还有同学提到了班主任任炎敏老师鼓励他们写书并给大家准备本子的事情。范裕乔还提到，自己的爸爸是一名编辑，对自己影响很大。

能够明显感受到，写书这件事在很长一段时间里都是这个班级的主流话题，同学们互相影响、分享，共同畅想这一项伟大的事业，眉眼间都是满满的骄傲。这一席颇具高级感的对话，让我重新开始思考何谓教育的真正价值。

有时我会很羡慕孩子们简单而伟大的想法，他们没有瞻前顾后的各种心理障碍，只凭一己喜好，就轻车上路，尽管结果不见得会尽如人意，但遗憾一定少得多。

和雨天做朋友

生活在中原地区的人们，总是容易被羡慕。因为这里四季分明，春桃花开，夏蝉鸣叫，秋日雁行，冬阳白雪。每一个季节，都会用其独有的特点表达时间的流动。规律的交织让生活不仅有了节奏感，还让人有了期待感。芒种时分，气温升高，雨水充沛，仲夏如一个跳脱的孩子般蹦蹦跳跳地来了。

踩水坑

接连几日的雨水带着丝丝凉意冲刷着校园，塑胶跑道上，浅浅的小水坑晶莹透亮，如一面面光洁如新的镜子，映出倒影，引发好奇。轻轻的小雨还在下着，每一滴都像染色师，落在哪里，哪里就更加鲜艳。在雨水的滋润下，红绿搭配着的操场清新怡人。

这里是幼儿园小朋友放学的必经之路，鱼贯而出的小不点儿们看到地上的小水坑，异常兴奋，他们小心翼翼地把脚一点点地挪进小水坑，慢慢感受凉凉的滋味。调皮的小男生开始故意用力踩水，引得路过的大朋友驻足观看。我受赵静老师委托帮忙接小圆子，谁知这个倔强的小姑娘怎么也不跟我走，尝试了几种诱惑方案都行不通。当我提到一起去踩水坑的时候，她的眼睛一亮，我知道有戏了。她拉着我的手，下楼梯时，还不停地问我，我们接下来是不是像小猪佩奇踩泥坑一样。看着她羞涩又试探性地踩着水坑的样子，真是可爱极了。

捉蜗牛

站在二楼往下望去，楼下树木的枝叶上零零星星地滴着雨水。湿漉漉的小广场上，到处都是一年级小朋友左顾右盼的小脑袋，他们一个劲儿地在草丛里、树叶上寻找小蜗牛。这种可爱的小伙伴，只有在雨天的时候才会出现，孩子们似乎也和蜗牛约好了雨天的相遇。

放学后，女儿匆匆跟我打了个招呼，说自己先去车棚处等我，一溜烟儿就不见了。等我来到车棚处，她兴奋地从草丛里钻出来，让我猜她倒拿着的雨伞里是什么。我探头一看，原来是几只可爱的小蜗牛。她开心地说，自己很喜欢小蜗牛，要带它们回家。一路上，她眼睛一直盯着蜗牛，边观察，边跟我分享。下车的时候，我试探性地问："蜗牛吃什么？生活在哪里？你准备怎么养？"她有点怔住了，说："妈妈，你可以告诉我吗？"我说："妈妈也不太清楚这些细节，但是我知道，蜗牛喜欢潮湿和阴暗的地方，不适合在家里养。"我借此又联想起曾养过的小鸡、小鸭子、小兔子，并讲给她听。她异乎寻常的冷静，跑到小花园里，小心翼翼地把小蜗牛放在了草丛里，并坚定地说了声："明天见！"这一句"明天见"不是简单的告别，而是承诺。第二天一大早，女儿就提前下楼了。当我收拾妥当到楼下时，她从小花园里钻出来，兴奋地说："可以去上学了，我已经跟小蜗牛说过话了。"看着她天真的样子，我也很感慨。

小伞棚

每到雨天，放学怎么送孩子们离校都是头等大事。特别是遇到突如其

○ 珍贵的存在：一张宁静而温暖的书桌 ●

来的大雨，加之雨具不够，着实让人挠头。但再大的困难都难不倒老师们，各类"奇葩"遮雨方式让雨天的校园变成了五彩缤纷的乐园。从教学楼到大门口的无雨通道，是后勤部为小学的孩子们搭建的。来回穿梭在其中，一对一的接送是老师们采取的最简单有效的方式。幼儿园的老师们更是设计了适合幼儿的遮雨方式，让他们每人头顶一块泡沫板，慢条斯理地在雨中行走，可爱至极。对于更小的孩子，老师们则选择了大的遮雨布，老师们举起四角，孩子们躲在里面，他们摇摇晃晃地移动着，像一艘航行的轮船。

雨是大自然对人类的馈赠，雨天所带来的奇思妙想，能激发儿童的好奇心和想象力。儿童天然地会感知自然万物，会发现神奇的自然变化，也会莫名其妙地对其产生好感。夏日是和雨天做朋友最合适的契机，也会给孩子们增添不少乐趣。

沸腾的校园

沸腾的校园里，可以看到儿童最真实的样子。他们奔跑、嬉戏于绿茵操场，他们倾听雏凤偕鸣于桐花万里的丹山路，他们遨游书海于十万个为什么读书广场，他们享受美食于百味膳食中心，他们探索发现于自然生长课堂……

清晨，倾城

一早凉气扑来，温度又下降了。

出门时，小区里还是黑乎乎一片。我很想给物业写封信提个建议，却突然意识到，这里不是艾瑞德，没有校长信箱，只好默默地在心里笑了笑。

6：55 进入校园，天还灰蒙蒙的，一楼芝麻街暖黄色的灯光映射着前广场，让整个教学楼看上去都温暖无比。

"大黄蜂"校车已经出发，宽阔的前广场也可以趁此机会活动活动筋骨了。送女儿到一（3）班，教室里只有她一个人，她丝毫没有畏惧感，反而交代我："你快去值班吧，我自己在这儿读课文等同学！"走至一（2）班教室，一个小姑娘半探出脑袋。一点也不用吃惊这么早就有孩子出现在教室，教学楼处处都是开放的空间，安全、明亮，孩子们可以自由出入。我和她合作收起了教室里已经完成工作的紫外线消毒灯，她也安稳地开始读起书来。一念起，想让她和女儿一起读，后来看她们各自都那么投入，我就放弃了这个念头。

操场上的集结号已经响起，从宿舍里一队一队进入操场的孩子在指定位置站好，只等音乐响起就开始环形跑操。如果不去仔细观察，会觉得操场上一团乱麻，只有走近时，才能看出让你吃惊的布局。每个班级都排成一条独立的长龙，在自己的轨道上奋力奔跑。辅导员老师是跑操的领军人物，他们一个个精神抖擞，边跑边带领孩子们喊口号。

操场的面积不算大，能活动的项目却不少。

远远地看到篮球场上一群小姑娘在跳健美操，一早的律动会让人一天都精神舒爽。我忍不住走去欣赏，熟悉的面孔还不少。杜依娜现在是三年级的走读生，一年级时打太极，每天7点到校，现在练习健美操，也还是每天7点到校。坚持的品质，让这个瘦瘦小小的女孩格外有力量感。

不远处的太极队则和健美操队形成鲜明对比，辅导老师张华穿一身灰色太极服，指导着孩子们气定神闲地打太极。这批孩子很不简单，练习太极的时间都不短，都是资深级别的。

往回走的路上，我又看到扈老师带领的手球队在做热身训练，动作的频率非常快。

第五跑道上还有一批孩子在进行体能训练，看样子应该是田径队的孩子们吧！

匆匆一眼，不敢多留恋。我赶去看"小百花"的时候，她们正在练习发声。这是晨练队伍中人数最多的一支。

7：00—7：30，有太多的缤纷多彩，背后是很多老师的支撑与孩子们的坚持。

7：25—7：30是打扫卫生的时间，各年级的群里都热闹起来，卫生打卡开始了。如果这个时候你从各楼层穿过，一定会看到许多孩子在认真地打扫卫生，走廊、楼梯、栏杆等公共区域都是孩子们施展的舞台。

经过一年级时，我看到两个孩子各自一头，正在背靠背地拖地。他们在中间位置会合后，又继续倒着拖到头。这样的两遍拖地法很见效，为他们的智慧点赞。

早读的模样也是各有不同，齐声朗读、视频听读、小组互读、老师领读、自读检测。同学们依据不同的需要选择了不同的早读方式。

清晨的艾瑞德，也是美丽的艾瑞德。沸腾的操场上，老师与学生组成了绚丽多彩的清晨。多位老师参与组织的清晨，让校园多了一种可能；众多孩子坚持练习的清晨，让校园变得充满力量。

○ 珍贵的存在：一张宁静而温暖的书桌 ●

目　送

再见的是距离，贴近的是情感；

走过的是积淀，开始的是成长；

读过的是书本，收获的是心境；

写下的是文字，成就的是自己。

怀着一种激动与感慨，我们携手 2020 年新生家长共同走进结课仪式。今年的新生家长课堂已经是第四届了，孩子未入校，家长先学习，已经成为惯例。三天的课程里，八位讲学嘉宾从儿童生长规律、智慧父母方法、家校沟通艺术、校园生活憧憬等多个角度，尽可能地为大家引源头活水，燃家教梦想，答胸中疑问，开内心天窗，努力和家长一起在对孩子的教育中从"一片白云横谷口，几多归鸟尽迷巢"的焦虑走向"不畏浮云遮望眼，只缘身在最高层"的境界，经历"等闲识得东风面"的过程，实现"万紫千红总是春"的坚定。

各有千秋的讲师们都在回答同一个问题——如何更好地做父母，如何更好地教育孩子。不敢妄谈收获有多少，只能说我们都清醒地认识到了"父母是孩子的第一任老师"这句话的深意，也意识到了"父母是托起孩子看世界的人"的责任与使命。尊重孩子的生长规律，紧贴孩子的内心需要，帮助孩子健康成长，和孩子一起活出生命的本真，或许是为人父母一生努力的价值。

过程就是风景，经历过才懂得。所有可以长久持续的努力，都源自真正的热爱。因为爱孩子、爱教育，所以格外用心。父母不应该只是一个称谓，而应该成为一种职业。家长朋友们认真学习的模样，如孟母择邻般用心。为孩子系上丝带，相互拥抱时，我看到了"临行密密缝，意恐迟迟归"的殷切。正如龙应台在《目送》一书中所言，所谓父女母子一场，只不过意味着，你和他的缘分就是今生今世不断地在目送他的背影渐行渐远。你站立在小路的这一端，看着他逐渐消失在小路转弯的地方。孩子长大的过程也是父母逐渐放手的过程，我们需要一起学着"目送"。

一所好学校 = 一个好校长 + 一批好老师 + 一批好家长，缺　不可。当孩子和家长走进艾瑞德大门时，我们就成了一家人。家校共育，彼此互助，为了孩子的成长"歃血为盟"。尽管尺有所短，寸有所长，我们依然会教孩子学会学习、学会努力、学会付出、学会担当，成为"眼中有光、脸上有笑、心中有爱、脚下有力"的"四有儿童"。

两千多年前塞涅卡就说过，我们何必为人生的片段而哭泣，我们整个生命都催人泪下。我想，他说的不仅是生命的坎坷，更多的也是生命的壮阔。每一个生命都有去追求极致绽放的权利，即便我不美、我不富裕、我不健全，但我的内心是可以丰盈和完整的。

我想对亲爱的家长朋友说，从今天起，您就是艾瑞德优秀家长了，希望您看待孩子的荣誉时，宠辱不惊，"看庭前花开花落"；面对孩子的错误时，去留无意，"望天上云卷云舒"。我们也期待家长能够成为班级建设的千军万马。未来的日子，我们等待大家走进我们的春夏与秋冬，感受我们的喜怒与哀乐，亲近我们的饱满与不足，分享我们的快乐与努力，用暖阳般的温度温润我们一米之内的距离，携手未来的教育之路！

国际味道

我全程参加了学校"移动教室"国际营的开闭幕仪式，如果说开幕式是蜻蜓点水，那么闭幕式则是鱼翔浅底。50位艾瑞德学子、8位一线教师与来自大洋彼岸的3位英方教师、4位金发碧眼的学生，还有牵线搭桥的2位留学老师一起度过了愉快的7天。今天慕名去参加闭幕式，那与众不同的国际味道，让我感受颇深。

有孩子的地方就可以成为教室

我第一次感觉报告厅就像一间大教室。学生坐着的不多，都在属于自己的位置上做准备。家长也把前几排的位置让出，方便孩子们进出。舞台两侧，各有孩子列队，很安静。不是没有人说话，而是声音都很小，不算井然有序，却也自然和谐。这样的感觉，真好。

每个生命都是美丽的不同

今天的闭幕式，不能用一项、两项来叙述，因为项与项之间没有明显的分界，也谈不上环环相扣。舞台右侧的二十几名孩子排着长队，每个人都有一句或长或短的英文台词，可以站在舞台上单独表达，你说完，我来说，一个接一个。舞台左侧的孩子有集体表演，也有单句台词，左右配合得非常自然。当然，每个孩子都不止一次地上台。站在舞台上的孩子，表现精彩纷呈，正如英方校长所言："我们每天都在庆祝孩子们的不同。"

这让我想到"舞台"与"平台"。万众瞩目的是舞台，人人参与的是平台。孩子的生长需要舞台，更需要平台。每个孩子都有属于自己的平台，在这个平台上，他们展示着自己美丽的不同。

尊重是无声的语言

闭幕仪式上，颁发证书是必不可少的环节。证书不仅代表着嘉奖，更是一次见证。因为见证学习的经历，故而人人都有。在颁发证书的环节，处处体现着尊重。老师先请所有的孩子到台上站立，因人数众多，要分三排站立。两位老师共同上台并站在第一排，一位老师念名字，另一位老师颁发证书。每一个听到自己名字的孩子都要走到第一排的位置，接过证书并与老师拥抱，再回到自己的位置。这样的情景让我想到了学期初在升旗仪式上给假期作业优秀的孩子颁发证书。当时，三个学科共有 70 位同学获奖。老师们几经商议，认为一个一个颁发证书时间太长了，可以让孩子们提前排好队，把证书编好序号，按顺序发。如果出现拿错的情况，下来交换即可，以便节省时间。这样的想法被李建华校长否定了，他说孩子们上台领奖，听不到自己的名字又领了一张错误的证书，尊重何在？意义何在？自此，在以后的颁奖中，我们都会认真书写每一张证书，避免任何一次失误，带着祝福与嘉奖颁发到每一个孩子的手中。

最好的陪伴是我和你一样

在这场闭幕式上，几位老师也格外引人注目。组织学生时，他们跪在台前，尽量压低身子。学生演出后，他们高高竖起大拇指，引领全场的掌声。这些肢体语言无不代表着欣赏与鼓励。坐在右侧台口的英方校长更是全场最嗨的导演与观众。她的手中拿着本子，眼睛一刻不离上台的孩子，手舞足蹈地支持着，脸上的表情近乎夸张，活灵活现地展现着一个大孩子的样貌。马莉亚老师蹲在台下，压低身子，尽可能缩小自己，用歌声与眼神陪伴一个小女生完成了难度不小的英语歌曲演唱。在这个"场"中，老师与孩子浑然一体，老师们目标一致，就是为了让孩子们呈现最好的自己。

有时我常常会想，外方老师比中方老师随性些，少了很多教条与比较；更放得开些，很容易让自己成为孩子，与孩子打成一片；也更擅长鼓励孩子，让每一个孩子都有挑战的勇气和创造的可能。而我们可能更在意习惯、规矩、思维、品质。在这样的国际交流中，我们看得见他人，更看得见自己。殊途同归的中国教育与国外教育，都在为儿童的全面发展而努力。

六（2）班新书发布

今天上午，我在报告厅参加了六（2）班杜静老师与学生的新书《向阳化开——瑞德少年时光》发布会，感慨万千。虽然有点惭愧，但更多的是欣慰与祝福。

在去年临近毕业季时，我也信誓旦旦地想要和孩子们一起出一本书，将几年来的积累永久地保留下来。这样的美好愿望在一桩桩、一件件的困难事面前，一点点地退却。整理初稿时虽说不眠不休，却也充满期待。接踵而至的编辑、设计、排版工作让我为难得放声痛哭。费用问题、印刷问题、沟通协调问题更是难上加难，让我再也昂不起头来。几经折腾的千疮百孔和无法自我安慰的不甘心让时间变得恍惚，这一份焦虑也把自己折磨得不堪回首。更可笑的是，在毕业典礼的前一天，我竟然在匆忙中摔在楼梯上，一瘸一拐参加毕业典礼的样子，现在还记忆犹新。好在《自然生长的脚印：六（4）班成长册》终于赶在毕业典礼前出炉了。退而求其次的这本册子算是给了自己一个交代。现在想来，所有的困难无非就是在等我穿越。穿过去了，它也就不存在了。

今天坐在报告厅，捧着这本书，我摩挲了很久。出版这本书的艰难程度绝不小，而杜静老师做到了！我心里的敬畏感油然而生。杜老师请我做个开场致辞，我没有拒绝也觉得不能拒绝，这是艾瑞德第一本学生文集，

○ 珍贵的存在：一张宁静而温暖的书桌 ●

我甚是荣幸。在昨天的沟通中，杜老师担心参加的人少，而报告厅空间大，会不会不合适。我却觉得，人虽少，事却大，在这里举办再合适不过。看着她挺着大肚子忙前忙后的样子，我既心疼又羡慕——心疼她诸多劳累，羡慕她完成了自己的小梦想。

口不择言，语不过脑，在我这几年来的各种发言中屡见不鲜。有时是即兴发言，只能信口说来；有时是懒惰使然，不愿提前准备，只好临场发挥；有时是颇有信心，无惧无畏，觉得自己没问题。当然，这只是一小部分，多数发言我都会积极准备。关于这次发言，我特别重视，自昨天下午接到电话，就开始抱着电脑，想要写一篇高质量的发言稿。可有的时候，不是你想做什么，身体就会听使唤，状态就会积极配合。直到凌晨，我也没能写出来，基于之前的经验，我选择先让自己休息，保证第二天的状态，一早起来再做准备。可这次我又刷新了对自己的认知——一夜无眠，更没有在早上积极准备。好吧，对自己投降也是需要的。那就早点去吧，或许能安心些。

7：50 在二楼碰见杜静老师和孙中凯老师，他们在调试大屏幕。看到杜静老师时，我心中有愧，就先赶往报告厅。活动 9 点开始，我 8 点进场，这也是有史以来的第一次。我在舞台右侧拿到了新书，捧在手里的时候，心里就开始变得不平静了，想要说的话就在那一刻开始倾泻，或许这就是所谓的情景感吧。10 分钟的发言，语言依旧没有过脑，是从心底发出来的。没有断续、没有卡壳、没有混乱，这种感觉真的太美妙了。不知听众感觉如何，我却舒服至极。从"桐花万里丹山路，雏凤清于老凤声"的寓意——希望学生能够超过老师，六（2）班的同学们已走在路上；言至杜静"老师无心，以学生心为心"的信仰实践与抱定做班主任的信念，她六年的努力与坚守做到了；再到"宝剑锋从磨砺出，梅花香自苦寒来"，当下所走过的每一步路都会成为未来通往成功的重要基石。一份鼓励、一份钦佩、一份祝福是我贺词的全部。每一言都发自肺腑，每一语都深情切切。

当表达由心而发的时候，一切都变得不一样了。一个半小时里，无论发言人还是观众，都满含热泪。372页满满的文字书不尽六年的时光，写不完成长的故事，道不尽内心的激动，却为每一个人都注入了一股力量，这股力量无声无息地改变了学生。正如学生代表南希所言："我们变成了爱写作的一群孩子。"也如学生代表高亚辉所言："我的梦想是写一本书，现在还没实现，因为我还在写。"

一个人可以是一支队伍，一支队伍也可以是一个人。推动自己，方可推动他人。杜静老师感动了许多人，鼓励了一批人，更影响了一所学校。

欲罢不能的劳动

　　最近几天是红薯的丰收季，田园校区里深一脚浅一脚的劳动脚印，充满了丰收的喜悦。上周五我因其他事情的牵绊未能成行，在晚归时收到了二（7）班李瑞老师和孩子们送的蜜薯，甚是兴奋。打开袋子，颜色鲜亮的蜜薯个头大得出奇，香甜的味道已经抵达味蕾。婆婆把蜜薯炸成丸子，方便女儿周一分享。从各班级群里分享的照片来看，周末为红薯忙活的家庭可真不少。

　　经历了一周的连绵秋雨，天气在美好的周一终于放晴了。一早和金长主任、杨海威主任驱车赶往田园校区，做收尾和善后工作。还没有完全康复的金长主任，手里拎着一把小铁锹，既做拐杖又做工具，那憨态可掬的样子既可爱又可敬。我边走边拍照，电话沟通指导"班级一亩田"接下来的劳动进程。

　　一路走来，泥土的清香与满眼的新绿净化着身体里的每一个细胞。忽而眼前一大片还未收获的红薯地吸引了我们的眼球。金长主任立马跟班主任老师通话，催促尽快收获，不然就要被眼馋的人给捷足先登了。

　　望着眼前这片红薯地，金长评估说："这一块地可以收获两千斤红薯。"我吃惊地表示不信。他拿起铁锹，顺手挖了一下，连着泥土的大蜜薯就摇摇晃晃地冒出地面。我连忙用手去刨土，一下子就刨出了四个，真是太令人欢喜了。我抢过铁锹要试试，极其容易地把蜜薯刨了出来。刨完一棵还想继续刨，欲罢不能。我兴奋地对金长主任说："我可以留下，一个人把一个班的红薯全刨出来。"他乐呵呵地说："对所有人来说，收获的确是让人兴奋的事。"

有了这句话的提醒，我才意识到，自己要收手了。望着这一片土地上长出的果实，我生发出无限的敬畏。

有了从栽苗、封根、翻秧到浇水、除草、施磷肥等一系列维护，才能保证今日这样的丰收。四个多月的时间里，大家除了滴下汗水，还需要科学种植和养护。

路过五（3）班的菜地，我看到绿油油的小白菜嫩得可爱，而且可以清晰地看到叶片的脉络。海威主任说，这片白菜太稠密了，需要间苗了。我说我可以帮忙。我像是找到了再恰当不过的理由，弯下腰来，顾不得脚脚深泥，就拔了起来。摘掉头上的帽子，用作装纳。劳动的快乐，无可替代。

秋天，层林尽染，只有在大自然中才能有所体会。围绕着"一亩田"的林边，栾树枝头上大片的赭红色，奇丽无比，为深秋贡献着色彩。柿子树上，偶有的几个甜柿，装点着干枯的树枝，惊喜着过路人的心。他们俩不知从哪里变出一些山楂，更是酸甜可口。

每次到田园校区，总能有惊喜。无论是滴的汗水、美的享受，还是吃的果实、呼吸的空气，都让我们欲罢不能。

田园是儿童自然生长的栖息地，是看得见诗和远方的地方。生活靠劳动创造，人生也靠劳动创造。正确的劳动观、积极的劳动态度、充足的劳动知识、适切的劳动技能、丰沛的劳动情感，可以让我们创造出更多的劳动价值。

○ 珍贵的存在：一张宁静而温暖的书桌 ●

不再稚嫩的二年级部

　　周四的行政会上，李娜老师含蓄地告知了消息：周五下午是二年级"与'艾'携手，共同成长"家校共同体见面会。她开玩笑地说："大家不在的时候，我就没有压力了。"我们都笑着回应，一定会捧场！

　　今天一早在操场遇见李娜老师，总觉得她身上有些不一样，却也未曾深想。午后我突然想起二年级家长会，便夹着书本径直向报告厅走去。随着年级部管理越来越成熟，很多事情都不需要小学部来操办，我们也逐渐演变成积极听会的群众，并乐此不疲。

　　一进报告厅，就看到体育老师刘海涛和袁立龙正在忙着整理幕布。是的，一点也不用奇怪他们的出现，这就是年级部管理的好处——打破学科界限，各学科老师一起守护一个年级。

　　王冰老师身着学生校服，挥着手组织学生们站队。

　　宋媛老师一边打电话沟通事情，一边带着一组同学下楼梯。

　　大屏幕上播放着题为"我们的二年级"的暖场视频，用心的二年级老师将学生在学校生活、学习、活动的照片做成视频，质量非常高，还未开场，就紧紧抓住了家长的心。

　　李娜老师向我走来的时候，浑身都发着光。她那身条纹小西装精致、正式，成熟中透着洋气。看她的眼神就知道，一切都准备好了！环顾四周，每个重要岗位上都有老师，年级的统筹与铺排一目了然。我坐下来，有一种莫名的情绪升腾，二年级团队已不再稚嫩，他们成长了。

看着台上稳稳当当分享年级工作的李娜老师，我由衷地为她和二年级团队竖起了大拇指。从学校"123456"的文化理念解读到二年级部半学期来的大事件，再到孩子们的成长变化与家长引领，她思路清晰，语言恳切。这一份坚定是从数不清的"做"中来的，使人格外踏实。

这次活动由学生发言、家长发言、学生节目、教师节目、各类颁奖、校长引领等几个部分组成，单就会议结构的设计就能看出二年级部的格局与用心，真是面面俱到，小中显优。

李娜老师介绍说："我们想每年都开一次这样的家长会，今年是第二年，这样下来的六年定会意义非凡，也会是送给孩子、家长、老师最珍贵的礼物。"教孩子一年想孩子六年，这样的想法和做法太了不起了。

学校实行年级部管理不到两年，六个年级如六颗小行星，除了围绕学校公转，各自的自转更是精彩纷呈。两年的时间里，年级部爆发出的力量不断验证着扁平化管理的优势。

随着期中时间节点的到来，各年级、各学科都在筹划着多种形式的汇报活动。本周一进行的"双十一购物惠"大型数学财商课就是由数学组牵头承办的；语文组主导的六个年级共同参与的汉字听写大赛正在如火如荼进行；英语组每周五下午的芝麻街展演未曾间断、高潮不断。积极备战的OM科学小组、马不停蹄绘制作品参赛的美术组、训练不曾间断的体育校队、刚刚拿到区级合唱比赛第一名的音乐组……大家都在自己的岗位上用高站位、大视野踏实地开展着工作。

无论是年级部还是学科组，都在40亩校园里创造性地工作着。在精进的过程中，他们褪去稚嫩的外衣，用专业与成熟带领孩子们进入新的发展阶段。

○ 珍贵的存在：一张宁静而温暖的书桌 ●

欢迎与欢送

此刻，是午夜，也是清晨。

徘徊的脚步丈量着内心波涛起伏的思绪。

有问题想要思考，有情感想要抒发，更有人想要留恋。

快到午饭时，李丹阳主任说要给临近预产期的李慧婷老师办欢送会，而我的任务是把她留在学部，直至约定的时间。这个插曲，让我的情绪起伏着，心里有深深的感动、不舍、佩服、心疼。这份不可阻挡的回忆，使我的大脑进入了一个无须安排的回放。

李慧婷老师走路很快，笑起来有酒窝，眼睛很清澈。

她是我工作 11 年里，仅由我做配班的一位班主任。

笨

和我搭班前，从未做过班主任的她，让我许多次感到不可思议。刚开始时，我总想用我的经验来带她快速上路，以少走弯路。可在她的身上招招不灵，这使我压力大增。她愿意忙上一整天，也不愿采纳我的提议。后来我渐渐放下了内心的执念，等她自己上路。人总是要在经历中慢慢地摸索出让内心充盈的经验，才算是自己的东西。

临近开学的头一天下午，我们一起打扫班级卫生，直到我这个有洁癖的人觉得可以了，才算结束。谁料，在我们走后，这个傻姑娘将所有的桌子全部拉到教室外，一张一张清洗干净，又把教室地面用抹布擦了一遍，辅导员廖老师心疼她，一直陪着她，直至凌晨。

当时，我没有一丝对她的敬佩，反而满是埋怨，觉得她简直笨死了。如果想这样打扫，下午我们可以直接做，这样重复劳动，真是劳神费力。

现在想来，一定是哪个瞬间，点燃了她重新打扫的热情。这或许就是她的方式。也就是在那时，我看到了一个全心全力付出的老师，虽然笨但很可爱。

真

一年级的孩子，总会时不时冒出一些意想不到的问题。老师即使时刻围着孩子转，也有处理不完的事情。一次晚自习结束，看她一个人坐在教室里，我进去打招呼，没想到她却号啕大哭起来，措手不及的我连忙安慰她。她把问题全部讲完后，竟又笑了起来，把我搞得哭笑不得。原来，一个孩子怎么也学不会她讲的题，她反复讲，孩子就是不明白。谁料想，这个孩子走后，又折返，把晚上的加餐点心送到她手里。她的哭既有教不会孩子对自己生的气，又有内心的感动；她的笑有对孩子善良的欣慰，又有对自己哭的一种自嘲。

有的时候，她很傻。呆呆地守着孩子们，乐呵呵地面对每天到来的惊喜。她傻傻地忘记自己是谁，只顾着每个孩子的需要。

老师是离孩子最近的人，知冷暖，懂童心。

善

随着时间的推移，她的工作越来越多地覆盖了我的经验。或者说，我

○ 珍贵的存在：一张宁静而温暖的书桌 ●

从没有这么近距离地去看别人是怎么做班主任的。我开始欣赏她。班上男孩多，调皮的占多数。当然，最令人抓耳挠腮的非小 Q 同学莫属了。起初，小 Q 发生问题时，我们都认真对待，次次都会处理。后来，问题频率高到来不及处理，我们也就睁一只眼闭一只眼。可她从不含糊，次次都很认真，直到每个问题都画上句号。可是，事情虽然解决了，孩子的变化却不明显，我们都劝她不要太较真了，教育孩子急不得。可她还是坚持班级规则，公正地处理每一件事情。后来她在聊天中透露，她的坚持并非只是为了处理事情，还想让孩子们懂得自然有法则，世界有规则，有些东西是不可逾越的。对于小 Q 同学，不能使之成为特殊的人，否则久而久之，他真的就会把自己当成特殊的一个，不再正确看待自己了。

慧婷的形象在我的心目中越来越高大。从她的言行举止中透露出来的对孩子的示范和引导，起到了非常好的作用。而她对孩子无微不至的关怀和透彻心扉的爱，也引导形成了良好的家校沟通氛围。很快，掌声蜂拥而至。

老师从心底里长出的善良温润着每个孩子的生命，慧婷做到了。

绊住她，最好的方式就是吃饭。仅仅是一碗凉皮，一杯奶茶。或许是觉察到了哪里不对劲，她不失本真地表达出来："你们是准备欢送我吧，可我还不想走。"没错，还是那个又笨又真的慧婷。在孩子们的歌声中，刚才还一副"我都知道"的神情，现在却泪如雨下，这就是真实情境的力量吧。二 (3) 班的孩子们手拿鲜花，轻声合唱"老师啊，老师"，纯净温暖的歌声感动了在场的每一位。送花、拥抱、切蛋糕，几个温馨的小仪式展现了李丹阳主任的用心，留给慧婷的是难忘的记忆与团队的温暖；留给年级老师的是向别人表达爱，也会感动自己；留给孩子们的是学会分别与期待。

不知从何时起，欢送和迎接成了我们经常要参加的仪式，上周送走了待产的三年级英语老师魏琼琼，上个月接回了产假后返岗的毛冰老师。这样的小惊喜，让我们的工作变得有了意义，也形成了与周围人的情感共鸣。

留恋每一位短暂分别的伙伴，期待每一位即将返岗的战友。

学期过半

秋收冬藏时节，天地万物进入新的轮回。黄叶漫天，果实尽收，新一季的种子也拼命破土，在寒冬来临前争取最后的生长时间。

时间的神奇就在于它可以令时空无限延展，过去、现在与未来可以倾情对话。有人说，奔跑是为了追寻未来，静思是为了回忆过去，微笑是为了过好当下。无论如何，我们总在时间和空间的纵横里，完成自我的成长与他人的共鸣。

翻看本学期行事历，就像抚摸时间的脚印，四季清晰、印记分明。行事历上大半的内容，都被我们画上了彩色的记号，用以表达完成后的安心。

不知从何时起，计划已经不必再刻意写在纸上，而是跟着季节的自然而然、节日的接踵而至、学期的已有规律及老师、孩子的惯性生长，形成了一套自动运转且有生命力的系统。这个系统赋能给所有相关人员，使大家全功率运行，恪尽职守。

本学期的关键词之一——教学质量，是老生常谈的话题。如何开出不一样的花朵，让学生每一步的成长都看得见，是需要研究的教学策略。

每日三分钟的中英文演讲，已逐步从话题设计、演讲思路、语言提炼、风采风格等方面实现了"小火慢炖"及可观展示。

每日三分钟的口算练兵，可谓吹糠见米，日日都可见新。用这块磨刀石，在坚持中磨出学生计算能力的基本功。

周五下午的芝麻街、钢琴厅、彩虹街与校门口的大屏幕联动，将每周学到的"小芝麻"在这些小而美的展示平台上来一次融合呈现，用有形的方式为无形的收获"强筋健骨"。

早七晚五的体育校队锻炼，容纳了学校近五分之一的学生，孩子们在不同的方向上努力流汗，精进体育技能，并在一次次外出比赛中，收获自我价值感的增值。

走廊里，随处可见的海报是校园风向标。今日"最强大脑"宣讲会，明日"瑞德快递小哥"招募，后日心理周预告……这样的通告方式，让孩子们成为校园的信息传递者、参与者、贡献者，也让校园有了该有的活力与面貌。

与建设路小学老师一起在课堂上竞技的"同课异构"教学研讨活动，让我们在寻找坐标的同时，也借助活动的力量推动教学不断进步。在一次次打磨中学习新知，为教学注入崭新的力量。

在从无到有的劳动课上大胆构建、小心实践，我们探索出了"四园联动"劳动教育场域育人的新路径。校园里劳动的身影，不仅是劳动技能学习的呈现，更是育人功能的可视化体现。

生活区里"夜观星空""给生活加点料"等作品展，自理能力大比拼、夜读故事会等都是为好习惯搭建的学习平台。生活即教育，教育即生活，这里是很好的诠释场。

"火箭要升空，马桶不漏水"，通俗地表达了我们的日常管理要求——既有高瞻远瞩的教育追求，又要把握好常规教育的底盘。要让学生们跳一跳够得着，摔倒时又站得起。

拿着放大镜去看儿童的成长，就会发现细节中大有可为。拿着显微镜去看生命的历程，会发现当下的得失不值一提。如果一直看着未来，就看不见脚下的石头；如果一直盯着当下，又会迷失前行的方向。要抬头看路，低头走路。

学期过半，祝福我们的教育生活依旧踏实、精彩。

"连舟出海"

　　"同课异构"教学研讨活动迎来了英语学科专场。王冰老师和魏鹏娟老师登台授课。

　　每每去听英语课，我都会觉得很放松，课堂的氛围格外自由，学生的状态也十分舒展。加上欢快的律动与有趣的游戏，整节课都会欢乐无限。尽管我每次都写不了听课笔记，但依然喜欢听英语课。

　　今天第一节课，我走进了二（2）班，这是王冰老师的英语课堂。王冰老师素有"国际冰"的称号，洋气范儿十足。提到她，有一个镜头让我们印象深刻。去年她带一年级，新开学的一个月里，无论走到哪里她身上都"挂"着一个小女孩——金颐然。我们心疼王冰老师的辛苦，她却很开心，觉得都是应该的。经过她的耐心陪伴，金颐然适应了小学生活，现在一切都很好。她用身体的温度与心的善良为孩子支撑起一片安全的天空。

　　在这节课上，她身着工装，孩子们校服整齐，整个班级力量感十足。我往黑板望去，精美素雅的板书设计让整个课堂极具代入感。教室的布置以花草图案居多，可见王老师清新淡雅之审美。课前三分钟的演讲，日久坚持可见其效；单词复习，扩大了孩子们的词汇量。课堂上，王冰老师准备很充分，英语卡片制作精美，教具颇多。用问题来检测听力的方式也十分有效。

二（4）班孩子和魏鹏娟老师所呈现的英语课是安全的，是自信的，是绽放的，是合作的。这节课的主题为 Family and Friends。鹏娟老师用自己的全家福很自然地引出本节课的主句型 "Who's that？ It's my……"孩子们对老师的家庭成员十分好奇，积极性一下子就被调动起来了，学习氛围很浓厚。随后的练习中，每个孩子都准备了自己的全家福，向自己的好朋友介绍，再次练习了本节课的重点句型。回归文本时，学生已经对本节课的重点有了深入的理解，小组合作的输出水到渠成，我们看到了每个孩子站在台上绽放的自信，听到了他们在课堂上的表达，感受到了孩子们在真实情境中学习的美好。

鹏娟老师营造的真实英语场景远远超过文本本身的知识储量，这些贴近生活的英语表达，让孩子们学得快乐，学有收获。

课后，与英语学科组长霍丽老师交流，她提到新课标对二年级学生英语学习的两点要求：一是对继续学习英语有兴趣；二是在学习中乐于参与、积极合作、主动请教，初步形成对英语的感知能力和良好的学习习惯。而针对这节课需要落实三个目标：一是能用简单的英语致敬问候，交换有关个人、家庭和朋友的简单信息；二是能在图片的帮助下听懂、读懂并讲述简单的故事；三是能在老师的帮助下表演小故事或小短剧。

对比目标，二（4）班的英语课不仅达到了，还超越了。学生们不仅可以读懂、演出文本的故事，还可以介绍、描述自己的故事，相当于可以创编新的故事。

自然生长课堂主张"基于关系的相遇与对话、基于自主的探索与发现、基于合作的互动与体验、基于理解的分享与表达、基于发展的激励与评价"的核心五要素。在五要素的指导下开展有趣、有效、有意义的课堂教学，除了关注教学效果，更为重视学生学习的过程。课堂学习是从不会到会的过程，从生涩到熟练的过程，从未知到已知的过程，从好奇到探索的过程。这样在课堂上，学习在孩子们的探索中就真正发生了，"拨云见日""柳暗花明又一村"成了非常有价值的感受。

此外，随着我们对课程的不断解读与探索，新的视角与理解指引着我们向课程内涵更深处漫溯。我越来越感觉到，老师的文化素养和审美情趣对解读教材至关重要。虽然有一千个读者就有一千个哈姆雷特，我们尊重每一种发声，但教育毕竟是专业人应该做的专业事，所以在未来的教研中，加大对教材的解读力度是非常有必要的。在教材解读上要形成教研组共识，在此基础上，向课堂深入，方能行远。

答案在路上

　　进入十月，各学科的"同课异构"活动开始了，记得之前跟赵静主任有过这样的一些相互提问："我们如何来交流新学期的教研？""用什么样的方式来推动课堂教学的精进？""如何把学校非教学岗的目光吸引到课堂中来？"一连串的问题摆在眼前，苦思几日，也未得果。

　　"答案在路上！"想不起是何时听到的一句话，从脑海中突然冒出来。我兴致勃勃地跟身边的伙伴分享："当我们不知道该怎么改变的时候，就先转起来，转着转着就有了思路。"教学是常规工作，就如一日三餐，需要遵照大纲要求，按照课程安排，按时完成教学任务。教研活动既不能打破常规教学，又要达到一定的研讨目的。各教研组在赵静主任、静娴主任的带领下，每个学科每周两节的"同课异构"公开课就这样上路了。有时我们也嬉笑着打比方说，我们要常态化"开桌请客"。

　　每周一早上我们都能准时收到本周公开课安排，有种"票已在手，说走就走"的感觉。拿着课程表走进课堂，去仔细聆听每一位老师的教学思路与每一个孩子的真实发声，去捕捉每一个课堂转动的瞬间与每一个细节的处理方式，去碰撞每一个问题的解题思路与每一个环节设计的初衷。

　　今天一早，我走进了郑亚平老师和五（5）班同学的数学课堂。看着黑板上已经写好了题目"可能性"，我有些许疑问，但也不着急得解。孩子们端坐着背诵乘法口诀，一副烂熟于心的样子。这样的清晨，伴着些许小雨，让人颇感惬意。

教室里干净明亮，物品摆放有序，最后一排公用桌（也叫教师桌，很多老师把办公桌搬进了教室）上整齐地摆放着各类作业本，无形中展示着班级的有序。郑老师是本学期入职的新老师，看着她，我才意识到，我俩只在面试时做过简单的交谈，平时连打招呼的机会都很少。不过，在课堂上去了解一位老师，是最好的方式。

我一边听课，一边做观察。目光转了一圈，惊喜不断！有18位老师来听课，这是正常人数。除了数学老师外，有几位还是让我挺吃惊的。音乐老师田甜、语文老师樊婧、财务主任王冬丽、后勤副主任陈晓红，当然还有可爱的李建华校长。我有点按捺不住好奇心，在课堂结束的时候，对几位跨学科、跨部门的主任和老师进行了采访，想听听他们对这节课的看法。

财务主任王冬丽老师表示："我不太认识这位老师，可这节课我是很喜欢的。首先，老师的声音很好听，让人很舒服。其次，表达非常干净流利，没有废话，一看就是有经验的老师。"

后勤副主任陈晓红赞叹："郑老师的课堂教学PPT用的是学校的模板，这点很用心，准备得很充分。她很擅长引导学生步步深入，又留给学生思考的空间。小组合作有效果，而且在调动学生积极性上也很有水平，如果再多留点时间让学生自主学习就更好了！"

音乐老师田甜说："数学老师的逻辑性很强，话术很简单，一针见血，没有重复性语言，这点太值得我学习了！"

计算机老师赵桠欣也称赞道："郑老师是数学老师的缩影，她的课堂很灵活，能结合学校实际，如瑞德银行、'双十一购物节'等活动，真实感很强！如果课堂上再有一些情景演绎或者游戏互动就更好了！"

语文老师樊婧老师赞扬说："听了这节数学课，我想说，在课堂教学中注重培养学生的审题能力，把题目中的关键信息标红，通过齐读、点读题

○ 珍贵的存在：一张宁静而温暖的书桌 ●

目要求等多种形式，培养学生对题目要求的语言感知能力；通过分解题目要求，培养学生快速提取、整合信息的能力；通过用自己的话理解题目要求，培养学生转化信息的能力，这些都很可贵！"

五（5）班姜羿含同学说："这节课我听懂了，方法都掌握了，如果时间充分点，我也可以尝试一下自学。"

听了不同声音和不同角度的评价，我得到了诸多不一样的感受。每个人都立足于自己的岗位和学科取长补短。这样的观课对话拉近了学科距离，转换了视角思维，也增进了学科互融的可能。

李建华校长曾不止一次地表达："学校最重要的'一亩田'是课堂，无论在哪个岗位中，都应该走进课堂，去看看，去听听，去感受，这样才能共同种好这'一亩田'。"

这是"同课异构"公开课的第三周，我们遇见了多学科的碰撞。在路上寻找答案，结果已经超出了我们的预期。

沸腾的校园里有一张宁静的书桌

不知不觉中，一年级的小朋友已经入学两个多月了，刚开学时叽叽喳喳的"顽童"，已变成了稳稳当当有礼貌的小学生。变化之明显，令人惊讶！

教学楼一楼是一年级的天下，芝麻街是他们欢腾雀跃的小天堂。下课时分，他们或坐或躺，或看书或表演，丰富极了！从一楼经过时，我总忍不住想多待一会儿。在这里遇到的每一个同学，都会恭敬地走来向老师行鞠躬礼，并且报以可爱、严肃的表情，天真中透露出来的些许小规矩，分外有趣。

今天前两节课，我走进了一年级的数学课堂。这群小可爱的表现和在走廊里遇到时有着天壤之别。课堂上的他们安静端坐，举手发言，起立合凳，书本整齐，一个个认认真真的样子特别"成熟"，真有一种"下课是儿童，上课是大人"的感觉。

晚上7点刚过，我收到了张俊莉老师发来的信息，她想听听我对这节课的建议和想法。初看到信息，我的第一反应是想要推脱给她的学科主任赵老师，后来一想，张老师是本学期新入职的老师，我们应该给予新老师多些关照，就决定说一说。

今天听张俊莉老师的课，有眼前一亮的感觉。这节课讲"连加、连减"。上课前黑板的最上端就写好了"校车开起来"的标语。果然，内容与此有关。张老师变魔术般地拿出了之前准备好的道具：方向盘和校车站点牌，孩子们的注意力一下子就被吸引住了。教室里开启了早班校车，要学习的内容就藏在里面：校车师傅和校车老师共2人，荣邦城站上车3人，兴隆铺站上车4人，校车上一共有几人呢？孩子们自己在本子上写算式，写好后在组内分享算式所表达的意思，就这样，"连加"问题就搞定了。到了放学时间，倒着来一遍，"连减"的问题也解决了。真是太有趣了！为了帮助孩子们理解，老师还制作了大量的磁铁道具，每一步都清晰明了，想不明白都难！

坐在我旁边的李慧婷老师忍不住夸奖起来："张老师的情境教学很巧妙地将连加、连减的知识点融入孩子们每天坐校车的生活经历，老师化身校车师傅，在课堂上模拟上、下校车的过程，设计了'荣邦城''兴隆铺'两个站点，让学生们亲身参与，直观地感受增加和减少的变化过程。课堂氛围轻松、愉快。充分地感知之后，她还给予学生独立思考的空间。学生能够很轻松地从整个游戏过程中抽象出量的变化，课堂活动的整体设计符合学生的认知规律。制作的学具形象生动、活泼有趣，吸引学生参与课堂，也体现了老师的用心。"

紧接着第二节，刘影老师所讲授的也是"连加连减"问题。刘老师采用了讲绘本故事的方式将问题代入其中。我第一次听刘老师讲故事，觉得讲得绘声绘色，不亚于语文老师。而后，学生们扮演起了故事中的人物，他们戴上头饰，以气球作为道具，用情境对话的方式将两个问题讲述得清楚明白。不得不说，一（7）班孩子了不得，语言表达清晰干净，举手投足大方得体。再去环视班级布置与文化创意，简洁中透着内涵，整齐里写满温度。班级是老师的主阵地，班级文化是班级工作组的风格展现，一（7）班，了不得！

课后，同为数学老师的张玉峰感慨道："性格开朗的刘影老师，上课的魅力太足了，我被征服了。刘老师丰富的表情、抑扬顿挫的语调把每个学生都吸引进了绘本故事中，一起参与表演，共同分享，大脑的思考自始至终没有停止过。这样的课堂太有意思了！"

听完两节一年级的数学课，我的脑海中浮现出了这样一句话：沸腾的校园里有一张宁静的书桌。课堂需要安静，安静并非无声，而是每一个孩子都会倾听他人、表达自己；学习需要安静，安静并非同步，而是每一个环节都流程清楚，所有人积极参与；教室需要安静，安静并非无互动，而是空间里的互不打扰、互相尊重。

这样的儿童是真实的，张弛有度，缓急有序；这样的课堂是安静的，专注思考，有益有意。我想，沸腾的校园里有一张宁静的书桌，应该是最好的样子吧！

儿童的精神成长，从上好班会课开始

周一是师生一周中精气神最高涨的一天，老师着工装，学生穿校服。金灿灿的校园被晨光微露滋润得神清气爽。

早上 7：00，大门口执勤的家长志愿者，学校的行政后勤职员、保安师傅、管理干部，照例变身为交通指挥者，为家长行车、孩子入校开辟绿色通道。

"校长 60 秒"、室内升旗、校长故事、瑞德少年颁奖，一系列值得期待的小项目，轮番登场。

10 点整开始的班会课是另一道风景。学校承担的不仅仅是传授知识的任务，更为重要的是帮助儿童树立正确的价值观，培养他们积极向上的生活态度等，而班会课就很好地实现了这一教育目的。

班会课是升旗课程的延续。与升旗仪式有效衔接是安排班会课时段的重要考量。班会课紧跟在升旗仪式后，一方面将"校长故事"延展与深入下去，另一方面从大仪式中回归班集体，在班主任老师的引导下及时有效地聚焦舆论主线，凝聚班级精神力量。无论是升旗仪式还是班会课，都是学生道德品质、行为习惯、精神成长的有机土壤与重要媒介。教育就要孜孜不倦地滋养学生的责任心和善心。

班会课是大事小情的通告。"风声雨声读书声，声声入耳；家事国事天下事，事事关心。"孩子们热爱学校，是校园的小主人，知晓和参与学校的大事件，是培养主人翁意识和责任担当的重要途径。每周的班会课，德育中心都会设计共性课件内容，将学生关心的学校大事件、每周食谱、活动预告罗列其中，达到共知，促发共情。此外，习惯小目标、校服穿戴规范和阶段性小问题也会囊括在内，力争落实、落细，做好与孩子切身相关的每一件事。

班会课是班级精神的提振。一个好的班集体，一定有其内在看得见、摸得着的精神品质和风格。班名、班训、班歌、班规等都是班级文化的外显形式，通过不断内化和践行，转化为班级的灵魂。班会课上除了落实班级常规工作，精神文化建设也显得尤为重要。要引导学生乐于探索真知、追求真理，要心怀真爱，活出真我，成为一个推动世界向善、向上的人。我们要利用班会课的天然优势，凝聚班级力量，提振班级士气。

面对儿童成长的不确定性，更要用觉知、力行、情操等构筑其成长的确定性，赋予其生命以精神营养，教育将因此而多一些抵达灵魂深处的力量。儿童的精神成长，从上好班会课开始。

十二月奏鸣曲

2020 年已进入倒计时，不知此刻的您想到些什么呢？如果尝试去梳理这一年的关键词，又有哪些会涌上心头？我还没想好哪个词语最能表达这一年的切实体会。只能说，但凡经历，必有所得。

在这个不同寻常的年份里，我们同呼吸共命运，一起经历了不少未曾想过的大事，不仅是意识里的关注，更是行动上的抵达。于家长而言，更像是经历了一场又一场前所未有的大考验，不仅承受着工作带来的压力，也在孩子的教育问题上接受了更加严峻的挑战。或许，我们再也无法只做宇宙中的一粒微尘，需要更多的打破、学习、改变和坚持。

时钟嘀嗒，万物有灵，12 月的校园里乐曲悠扬！

美丽的不同

12 月，首先闯入视线的是第四届英文戏剧节，这是每年的惯例，也是孩子们的期盼。孩子们穿上可爱的服装，拿着精心制作的道具，用流利的英文演绎 9 个经典故事。把英文戏剧作为孩子们英语学习的一个载体，让他们在体验和表演中感受生活、爱上英语。

国家公祭日是爱国教育的重要契机。降半旗、鸣笛、公祭默哀，少先大队委的同学们录制了视频《铭记历史，勿忘国耻》，这些都是在表达我们与这个国家同在。

冬至作为我国传统节气之一，颇为重要。为了让冬至在同学们心中立体起来，德育中心、教学中心、后勤中心、生活部和年级部，一起筹划了冬至活动。孩子们完成了"包饺子"的家政作业，一、二年级完成"视频说冬至"，三、四年级"画冬至手抄报"，五、六年级则"诗词写冬至"。在冬至当天，全校同学还齐聚餐厅包饺子。在这样一个暖意洋洋的节日里，随处可见孩子们"亲自动手、亲身体验、亲近劳动"的身影。

12月22日下午，一堂别样的数学课在报告厅开课。来自银行的工作人员朱老师为六年级的同学们带来了有关存取款、汇率、税率和贷款的专题讲座。朱老师从专业的角度出发，进行深入浅出的讲解、演示，并通过大量的例子来将这些晦涩难懂的术语和我们所学的知识结合起来。

本月的安全演习项目是校车安全演习。12月23日中午，由校车组发起的演习在大黄蜂广场进行。浓烟、火光、警报等一应俱全。孩子们在模拟的真实场景中学习逃生技巧，学会自救和互救，做到了临危不乱，有序、迅速地按照逃生路线安全疏散，避免因火灾而发生人身伤亡事故。

后勤中心为了让校园餐桌更加符合儿童口味，在一楼连廊处设计了每周食谱公示，并让同学们进行投票，票数最高的菜品，将在下周继续上桌。同时，他们也会从投票的同学中抽取"幸运食客"，为他送上膳食中心的周一爱心早餐。

为了庆祝幼儿园小班的孩子入园100天，幼儿园的老师们策划组织了"百日纪念活动"，老师和孩子们身着红装，在精心布置的场地里切蛋糕、插蜡烛、许愿望，幼儿园里的哥哥姐姐还为他们送上了精美的礼物。三个多月的悠悠岁月在流逝，从未停歇。万物皆在更新，我们的孩子也在成长。

值得祝贺的是，三（1）班韩沁宇、阎妙彤的作文《童年的游戏——捉迷藏》在《小学生学习报》上发表。

○ 珍贵的存在：一张宁静而温暖的书桌 ●

珍贵的存在

在第十五周的升旗仪式上，"隐形的天使"第四季正式启动。在为期一周的时间里，老师们用心守护自己的天使，用行动来为这个冬天增温。随后，天使盛典在报告厅举行，在这场独特的表白中，不仅揭秘了彼此守护天使的身份，更有各种颁奖与惊喜祝福相送，令人应接不暇。

教职工运动会也是这个月里老师们的重头戏。本次运动会主题为"动起来，更精彩"。水球大战、众人跳绳、拔河比赛、多人多足等均为团体项目，需要老师们的精诚合作。最大的亮点莫过于各年级和幼儿园的孩子们组成的啦啦队了，他们用呐喊和欢呼为老师们加油鼓劲。对孩子们而言，老师的生活也是一种学习的资源。

近期，郑州高新区掀起学习宣传党的十九届五中全会精神的热潮，21日下午，我们也迎来了高新区党工委宣讲团。宣讲团的段老师为我们带来了一场主题为"读懂新时代　共圆中国梦"的精彩报告。

12月也是硕果累累的月份。在刚刚结束的郑州市"课程改革20年成果征集"活动中，我校"四园联动：劳动教育场域与机制的实践建构"荣获一等奖。

"星教师"官方微信平台刊载了韩董馨老师的文章《想要家长和你同向用力？试试三类"新工具"》。

《小学教学》杂志刊载了杜静老师的文章《指向习作的阅读教学——巧用叠词》。

李建华校长在蒲公英教育创新年会"小学课程周主题峰会"中做了"用劳动教育扣好人生的第一粒扣子"的演讲，影响非凡。此外，在《河南教育》创刊500期骨干作者座谈会中，李建华校长作为嘉宾，为《河南教育》加油鼓劲、建言献策。

重要的"链接"

陈晓红主任开启了家长沙龙第一期，而后，董晓老师、赵静老师、牛云云老师轮番登场。在一个月的时间里，近 400 位家长聆听了艾瑞德教师团队带来的家庭教育智慧分享。李建华校长说："老师化身分享人，从日常的教育岗抽离出来，通过这个平台，完成做法的提炼与再思考。家长沙龙是小小的出发，未来会有大大的变化。从微小的事情做起，坚持做下去，做时间的朋友，也许有一天，艾瑞德的家长沙龙会成为郑州市家长的教育打卡地。"

值得鼓掌的还有二（8）班秦一涵同学的妈妈张洁女士。我们为她富有爱心、拾金不昧的行为点赞，也祝贺她成为第一位"瑞德家长"。

让我们带着爱和希望勇敢前行。

你所牵挂的都好

十二点的钟声与电话铃声同步响起，我从梦中醒来，迷迷糊糊不知何为真实。我打开会客厅的房门，漫无目的地走出去，循着钟声接受冬日暖阳的安排。

是的，今天是大年初一，我在值班。朋友微信笑言："你可真敬业。"我答曰："初一值班，最为吉利。"

小时候，初一的早上我会穿上新衣服，梳个精神的辫子，端上一碗热腾腾的饺子，迫不及待地跑出家门去给长辈送饺子，手心里会被烫个红红的碗底印。磕个头，拜个年，会收到压岁钱，还有漂亮的花卡或者彩炮。大了以后这件美差就落在了弟弟的头上，不过他可没我细心，慌慌张张地出门，有时还会把瓷碗给打碎。好在，岁岁（碎碎）平安，可以安慰。

之前，跟赵宗新主任打听得知，学校还有六位留守的保安师傅和保洁阿姨。刚好，就把初一的祝福送给他们吧。头一天晚上，我边看春晚边包饺子。婆婆看我折腾得实在没样儿，就要求我"鸣金收兵"，她来帮我准备。我搜罗家里大小不一、各式各样的餐盒，装上满满六盒，带着祝福开始新的一年。

今天的阳光格外好，站在大钟下，看着指针有节奏地转动着，我不自觉地闭上眼睛深深地吸了一口气，踮起脚尖转了一圈。这是我和艾瑞德共舞的第八个新年。尽管我还是我，却也不是当初的我——已不再一身稚嫩，而是逐渐磨平棱角，眼里时有忧思，手中些许娴熟，心中更多力量。当然，亦不如当初那般青春。我常常会感慨自己老得很快，朋友戏言："不想老，莫不成还想做天山童姥？"也有人说："逐渐成熟的皮囊下，包裹着一颗十八里河二杆子姑娘的心。"哈哈，怎么样都好！

我顺着操场的方向漫步，每走一步心中都有说不完的故事。

"瑞德树"直挺挺地立在那里，读书广场门户紧闭，也该好好休息了。

"丹山路"三个小字，在宁静的校园中刷到了存在感。

一入操场，就看到一件落寞的就餐服搭在小门处。小主人一定也惦记着你呢！他返校后会来会客厅接你回家。

偌大的操场依旧那么有吸引力，让人一踏足就想奔跑。围着操场走几圈，享受阳光的抚摸，十分惬意。

站在操场远望教学楼，不时翻飞的鸽子嬉嬉闹闹，可爱至极！

幼儿园居心脏位置，是掌中宝，干净有趣。

小木屋依旧深沉地立在那里，每一块木头都不喜不悲，与阳光、雨露为伴，让人心觉踏实。

篮球场身上稍有几处俏皮的裂痕。放心，很快就会有人来为你穿新衣。

餐厅动若狡兔，静如处子。此刻的样子唯美动人，光透过门缝，餐桌上光点闪闪烁烁。瑞德教师墙与校长助理墙相视而立，或有所思，或互有祝福。

宿舍楼暗淡了许多，像是真的睡着了。好好睡吧，每一个夜晚你都是最忙碌的。

车棚里，李建华校长的车还在坚守，似乎不一会儿校长就会从教学楼走来开车一般。

游泳馆里的水放掉了，曾经饱胀的肚子如今空空如也，温度也降下来了，和这个季节匹配了。

○ 珍贵的存在：一张宁静而温暖的书桌 ●

十辆校车一字排开，面前的停车柱紧紧守卫，它们用停止的方式安度春节。

抬头朝教学楼望去，欧式建筑加上岁月痕迹，很美！

二楼、三楼各有一个教室喜欢独享冬天的味道。不过，昨已立春，蛰虫始振，还是要留意的，我就先替您把门关上了！财务室门似铁桶，万无一失！

教学楼内，还是一片繁华景象。墙壁上悬挂的各类作品仍在，虽略蒙尘，却无碍观赏。

楼道光洁，地板透亮，室门闭锁，电源关闭。

还有熊大与光头强、功夫熊猫与小鸽子、小矮人与白雪公主，都很好！

哦，对了，孩子们一起绘制的二十四节气已经上墙！

在时间的转角，我们所牵挂的一切都好，有人守家，好好过年，等你们回来！

这一年知否知否

农历新年的钟声划破夜空，带着千家万户的梦想再次起程。过去是美丽行走的坚实脚印，未来是并肩同行的温暖身影。

时光如波涛，飞逝如东流水。沐浴着冬日暖阳，我们捧着这学期的硕果，共同迎接猪年的新春佳节。

秋高气爽的 9 月开学季，我们迎来了 224 名一年级新同学和 17 位新教师，他们的到来为我们的校园增添了生机与活力。

六年级"一开就开始"的新学期第一次家长会，明确方向，力争上游，为小学生毕业前最后的加速跑倾注力量。

拓展课程的展示选课会，像是一场饕餮盛宴，60 门课程分布全场，每个孩子自主下单，选择适合自己的课程，并坚持学习。在期末的风采展示中，各社团花团锦簇，硕果累累。

9 月 21 日，学校举行了"金菊迎中秋"主题活动，我们每一位师生都收到了"嫦娥仙子"送来的月饼。大大的月饼盒从天而降，每一位师生都品尝到了香甜的月饼，带着快乐与美好喜迎中秋。

9 月最后一周，"艾运会"点燃了校园的激情，每一个班级，每一位师生都拼尽全力在运动场上挥洒汗水，收获荣誉，绽放精彩。

三年级组的"歌唱祖国，传承经典"合唱比赛拉开了金秋十月的序幕。

○ 珍贵的存在：一张宁静而温暖的书桌 ●

一年级的"农耕日"让 300 亩田园校区听到了儿童的欢笑，播下了希望的种子。

国际班的"颂中华文化经典，探少林禅宗之谜"研学活动，拉开了行走半径。读书是思维的远行，行走是身体的舞蹈。孩子们在行走中探索真知，收获成长。

第四届"从心出发，因艾绽放"心理周活动，再次将全校师生紧紧联系在一起，趣味心理游戏、沙盘、工作坊、知识展板……师生们体验真切，感悟自我，也加深了对自我的认识，体验了对他人的关怀，对集体的认同。

在 10 月最后一周，加拿大安大略教育局一行参访我校，进一步打开了我们研学课程的发展路径，也推动了明年 3 月 22 日 39 名瑞德大使和 5 位老师访学加拿大的进程。

秋意渐浓的 11 月是我们课堂教学的展示月，"自然生长课堂"的"同课异构"推动了各学科课堂教学的深入研讨与碰撞，24 个班级的老师和学生在这次研讨课上做出了突出贡献。我们也欣喜地看到，在蒋静老师的数学课上，学生真正成了课堂的主人，无论是课堂素养还是学科素养都达到了一定的水平，成了本课程的一张亮丽的名片。与此同时，我们在开放课堂上迎接了来自山东等地的 20 位校长，他们给我们的课堂非常高的评价。

不知不觉到来的期中考试，夯实了教学质量，在数据分析中，无论是优秀率、及格率还是平均分，均有提升。

11 月的最后一天，四年级"让城市在爱中醒来（第二季）"温暖启动，198 名学生、28 位老师及管理干部一同为爱出发。

这个冬天的第一场雪在 12 月款款而来。尽管天气越来越冷，可校园总是热气腾腾：五年级"徜徉书海，艾上书香"读书演出、二年级"英文歌剧"、一年级"童心绘童话"绘本剧、四年级"西安古都研学"等年级活动将学期氛围推向高潮。此外，"小百花"戏剧社团的专场演出、拓展课程的结课仪式暨成果汇报也标志着期末的脚步渐进。

在本月末，老师们也用教职工运动会的形式为自己的 12 月画上了圆满的句号。

阳历新年的钟声如约而至，素养测评掀起了期末评价的深化改革——"向未来"主题呼应开学第一课，关注一个学期的过程性学习，注重学生的学科素养，让每一个学生绽放他们美丽的不同，此举也吸引了众多媒体的关注。

刚刚过去的期末考试，19 位同学成了单科免试生。同时，教学处决定：下个学期将取消期中考试，同时扩大免试生的名额，希望同学们重视学习的过程、学习的积累、学习的转化。

时间的车轮滚滚向前，同学们也在每一节课、每一场活动、每一个岗位、每一次困难、每一次承担中慢慢成长。新的一年是崭新的出发，也是全新的开始。"快马加鞭未下鞍"，在新的学年里，我们要继续"走自然生长教育之路，办有温度有故事学校"，将"干净、有序、读书"的校风践行在学习生活中，用一次又一次的用心出发来追求诗和远方。

这一年，知否知否，应是惊鹊鸣蝉，悠然神往。

○ 珍贵的存在：一张宁静而温暖的书桌 ●

蹒跚的姿态

长河里的珍珠与石头都是涓涓细流的刻度标记，在河水的打磨下，变得圆润光亮。我们总在积累珍珠与石头的数量，也不断将其打磨出亮光。让这条属于自己的河流在阳光的照射下，一直熠熠生辉。

寻 找

匆匆溜走的日子，总有一种稀里糊涂的荒芜。从事务中抽离，养心回神，慵懒等待的感觉成了假期里的状态，挺好的。

9天的假期，很短，短得恍如昨日；很长，长得可以随心所欲。

抓住假期的尾巴，和之前组建好的小团队带着任务进山。曾在之前的讨论中，考虑过不同地点和方式，思来想去，无论是工作还是生活，人都是无法取代的核心。在舒适、安全、开放的氛围中，人才能得到激发，进行创造。一行五人，放下包袱和牵绊，出发！

出发前，被电工孙师傅发现，他为我们拍下了一张合照。带着任务出发的感觉不免有些压力，好在长期的配合，让一呼一吸间都默契满分。

目的地不算远，环境与空气的焕然一新，让身体有一种被无限拉伸的挺拔感，连毛细血管都在使劲张开，去尽情呼吸这一份惬意。

办理入住的前厅，有一个长条形的茶台，等待办理的过程，陈琳主任从包里变出一套简易茶具。静静坐在一起喝茶也是难得的机遇，没有刻意导入就自然进入状态的讨论，让我们都无比兴奋。我也拿出事先准备好的卡纸和彩笔，来做梳理工具，王彦月园长迫不及待地找地方贴。这个不大的前厅，瞬间变成了我们研讨的第一现场。当我们意识到这里并不合适的时候，大家都笑了，为彼此碰撞的火花兴奋，为随时随地进入状态感慨。

看着几位工作人员的目光,大概可以猜测出他们的好奇:这样的五人组合是来旅游的吗?而我们也用爽朗的笑声回应:我们确定是来玩的。

进山的感觉与以往大差不差。换言之,山里的景色是需要用人的精神状态来呈现和代言的。一步一脚印,身体轻盈得可以翩翩起舞。一群三十多岁的人,难得有想要突破的欲望。一首抖音神曲,让我们彻底放下了内心的枷锁,用身体的舞动打开心灵的天窗。连山间的柿子树也贡献出自己的力量,用红硕的果实让这一群人的天性得以释放。

或许,这就是返璞归真的诱惑。

山里的夜特别黑,与"手可摘星辰"的意境还有些差距。可以数得到的五颗星,点缀着静谧的夜空,满足着一群人的儿时记忆。

我一直特别喜欢夜晚,安静和漫长的特质,让白天未完成的工作有机会画上句号。也是因为有了夜晚的衬托,才让白天有了更多的安全感。

晚饭后,正式的研讨开始了。对于这样的工作方式,我们都不陌生。我们曾经在上海、南京、杭州等地留下过这样的夜半争论。

坐椅子、坐床榻、坐地板,只要有一角可以依靠,就不会存在障碍。唯一的要求就是目光可以聚焦、视线足够开阔。一面墙上粘贴着白天里零碎的感触,希望能为"寸进"带来引发。目光都聚向一处,脑海里在高速运转。一片寂静后,一定是一番带亮光的表达。一边努力寻找新突破,一边拼命搜索支撑点。原本坐着的会站起来,毫无违和感地在不大的房间里来回走动;也有贴着墙壁,拿着马克笔圈圈画画的。茶壶里的水下得很快,室温也在不断攀升。如果这是一节课,每个人都是老师,也都是学生。合作学习的样态,真实发生的结果,让我们时时刻刻都有学习的感受。

不觉已是第二日,窗外依然黑如浓墨。大家兴致未尽,除了共同的目标任务,我们还有作为自然人的共同乐趣与爱好,从你、我到你们家、我们家,各类漫无目的的谈天,让这个夜晚多了深刻的记忆。人与人本无差别，只是经历与背景为我们打上了独有的烙印。

　　长河里的珍珠与石头都是涓涓细流的刻度标记，在河水的打磨下，变得圆润光亮。我们总在积累珍珠与石头的数量，也不断将其打磨出亮光。让这条属于自己的河流在阳光的照射下，一直熠熠生辉。

瑞德讲师

连日的秋雨冲洗着夏日的余温，秋风徐徐，花木摇曳雀跃，丝丝凉爽唤醒精神。几场秋雨比往时来得略早，新学期的号角依旧如约。

每个学期都会有新的力量融入，张开怀抱热情迎接，我们乐此不疲。面对新教师的加入，我们除了热情迎接，更多的是要帮助他们尽快了解学校，熟悉工作，建立安全感。如何做才有意义？示范引领、讲述说明、真实体验都是快速融入的方式。谁来做？谁来讲？谁来示范？当这些问题出现的时候，我的脑海中浮现出一批人。这批人是班主任、副班主任、综艺教师、幼儿园教师，是各学科、各层面的杰出代表。每个人都有那么一幅画面让我印象深刻，佩服至深。对，就邀请这批岗位平凡、人却不非凡的一线教师来做培训。他们的故事真实得有血有肉，情感细腻得可以触摸，语言朴实得直抵人心。这些都值得去分享，去传递；去感染。

自此，一个"瑞德讲师团"的钉钉群成立了。一条邀请信息发出后，瞬间的"收到"，带来的是从头到脚的震撼，16位讲师，无一掉线。这是多么令人兴奋的事情啊！随后"主题安排表"一出，又是一片"收到"，16位讲师，无一人提出更改要求。坐在电脑旁等待消息的我，激动得鼠标都飞了出去，感觉到一股强大的力量袭来。这究竟是怎样的一群人啊！瞬间接收任务，并且按要求快速反应，这不得不引起我的思考。这些老师中有上

○ 珍贵的存在：一张宁静而温暖的书桌 ●

台分享过的陈琳、董姣姣、李慧婷，也有沉默寡言的宋梦婷、侯晓丽。之前的 8 分钟与这次的 30 分钟有时间上的巨大差异，是什么样的力量支持着他们愿意迈步，敢于分享。或者说，每个人的经验都值得分享，只是舞台未至。

李慧婷老师，一位一年级班主任，在工作上事无巨细且付出超多，与家长沟通不仅毫无障碍而且条理清晰，赢得了家长们深深的信任。其背后的相处之道，值得学习。

任炎敏老师，一年级班主任兼语文老师。她来学校一年，从一位新教师，成长为语文教学与班级管理的年级典范。她的个人心路历程值得新老师学习。

心理教师董姣姣，一人一学科，凭借个人的专业心理知识与技能，为师生营造了心灵驿站。新教师来到新的环境，"破冰"尤为重要，由她来带领破冰行动，一定最为合适。

孟少丹老师，年轻教师中一颗闪亮的新星。这个"新"，是自我挑战与突破的"新"。在面对困境的时候，她选择了自我学习的方式，一步一步地成长起来。她的经验是新老师可以借鉴的。

陈琳老师，学校人才库中当之无愧的一员，英语教学能力与年级影响力令人佩服。在年级管理中倡导的家政课程，一周一主题，一周一分享，给孩子们带来了看得见的成长与变化。

李斯伦老师，童心、童语、童颜，是孩子们最喜欢的教师类型。如何与学生说话是语言艺术，也是老师的必备技能。李老师是这方面的典范。

葛小幸老师，一位双班数学教师，工作踏实细致，受到两位班主任的一致好评，这样的老师在做副班主任的工作时也有自己的妙招。

项兆娴老师，语文学科组长，也是一位优秀的班主任。她倡导的向日葵班级文化在校内影响非凡。她在学校的各种平台上呈现了多节示范课，对课堂的理解，对语文学科的解读，在一定程度上代表着学校的课堂样态。

侯晓丽老师，四年级的双班数学教师，在大家都为双班教学左右为难时，她却用客观的结果表达了双班可以齐头并进的事实。这样的老师一定有智慧、有策略、有方法。

宋梦婷老师，科学老师，年轻漂亮且能力强。几次经过她的课堂，都毫无意外地遇见了安静与专注的课堂。无论几年级的孩子，在她课堂上都是安静又专注的。能上出这样的课，是多么难能可贵啊！

两位幼儿园老师苗玲玲、符君，更是幼儿园宝贝老师。她们热情开朗、风趣幽默、会讲故事。两位幼儿园老师的加入，使我校的教师队伍锦上添花。

李建华校长立足学校，将有温度、有故事的学校生态以一个个小故事的形式讲述给大家，帮助老师们消除了陌生感，使他们生发出对新环境的向往。

这样的培训，受益的不仅是新教师，老教师也在梳理与分享中总结了经验，将日常教学中的经典案例和做法转化为成果，这个过程也是一种学习和成长。

集体画像

学期结束，告别了脚步的匆忙，从一地鸡毛的体力劳动升格为另一种波涛汹涌的脑力赛跑。六个人的唇枪舌剑，以观点、思考、认识为作料，编织出一个个项目的雏形，碰撞出一场场可以创造价值的研讨。

一周来，每天早上我们就开始泡进会议室，一壶黑茶，喂养着一群人的精气神；一个目标，吸引着一群人的寻觅追求；一个问题，激荡着一群人的思维涟漪；一段争论，调剂着一群人的工作节奏。

学习、思考、讨论、阐述、佐证、表决、行动，不断地往来重复。这或许是一个研究型团队该有的模样。

人因梦想而明亮，无关岁月与年龄。自从做起了国家教学成果奖的梦，我们就成了切切实实的追梦人。在学习中起步，在研究中丰盈，在思考中锻造，在梳理中融通，将一点一滴的进展汇入目标的海洋，不断靠近成果的彼岸。

7月28日，我校将举办省级"国家教学成果"的培育会，作为三所发言学校之一，我们将在此次会议中交流题为"小学'四园联动'劳动教育校本体系的实践建构研究"的劳动教育成果。此项成果是对学校九年来所做的劳动教育实践的梳理。为了筹备此次交流，课题组的成员们一头扎了进去，为自己按下加速键，并且主动增加工作量。各自牵头不同的项目，又互为"军师"，共同谋划，彼此把关。

一个月来，3次专家研讨，3次区域交流，6次小组会议打磨，让每位成员都背上了"小马达"，踩起了"风火轮"。重大项目组从最初的2位成员扩编到6位成员，又孵化出了4个工作小组，参与成员已有28位老师。工作模式也从最初的核心成员分享，演变成了工作坊讨论。

李建华校长是项目的灵魂，永不言弃是他的特点，在一筹莫展处，他总为大家照进"一米阳光"。杨海威主任和韩董馨副园长是项目的"发动机"，理论架构、体系建模、文案梳理步步攻克。赵静主任拉起队伍，整理9年来的过程材料，在较短的时间里就卓有成效。陈琳主任负责数据分析，一边牵头"班级一亩田"，一边落实调查问卷，三头六臂是常态。我则牵头视频制作，和新闻中心陈颖、王贯朝，小学部孙中凯3位老师一起组成视频小组，努力用视频的方式为成果加分。一个美梦，牵动了一群人的奋力追寻。或许，在结果来临的时候，我们可以轻描淡写地一笔带过所有过程。

我们一辈子要走的路总有相同，也有不同。相同时，我们可以并肩同行，一路搀扶；不同时，也可以享受一个人的"孤独"，等待聚合时的珍贵贡献。如果要为行走留痕，每一个独特的标签都是美丽的珍珠，串联着深深浅浅的脚印。

就如陈琳老师的一首打油诗所说："哪有什么岁月静好，不过你我砥砺前行；羡慕他人一手好牌，谁知自己就是王炸！"我深以为然，这是我们的共同气质，这是我们的集体画像。

领跑者

昨晚读完了任正非的《除了胜利，我们已无路可走》，掩卷而思，感叹无限。书中有太多的观点与精神，读来鼓舞人心。"任正非"这三个字已经有了自己的生命力和魔力。作为华为的领跑者，他引导华为走过 30 年，在商场厮杀中不断壮大，创造了一个又一个神话般的奇迹。他的领跑，让华为在迷雾中找准了前进的方向。

艾瑞德以读书形成校风，学校会按月给我们买书，给干部送书的频率更是高得惊人，这本书也不例外。每周行政例会，《人民教育》会成为会议的标配，每每收到书，内心总是波澜涌动。学校的领跑者用送书的方式，带领我们有方向地奔跑。

一天早晨，赵静老师兴奋得喋喋不休，说自己一夜无眠一口气读完了《除了胜利，我们已无路可走》。看她肿肿的眼睛却熠熠闪光，引起了我极大的好奇心，同时也加快了读书节奏。无疑，身旁的领跑者带动了我们奔跑的节奏。

我经常跟身边的朋友略带自豪地说，自己小时候是个长跑运动员。从小学三年级进入校队，到四年级时，已经可以为学校争得荣誉，五六年级还在区级比赛中拔得头筹。初中三年更是磨炼了我持久的耐力。记得那个时候，我早晚各跑三千米，到了比赛前，更是在高速公路上拉练。因为是长跑，精神的竞赛比耐力的持久更为重要。老师会将水平相当的两人分为一组，在跑步的过程中互帮互带，每个人都要成为彼此的领跑者。我也深切感受到，尽管两人速度基本一致，但领跑时的压力与节奏是最难把握的。也是因为有了领跑者，我们才能在精神考验与持久耐力的战役中坚持到底。

记得去年的教职工运动会，下午天气冷得伸不出手，加之怀孕的老师不少、年级主任因事不在学校等状况，对团体比赛影响很大。大家都垂头丧气地想弃权，想早点回去。最后关头，有两位老师站了出来，他们只简单地说了一句："我们再试试吧！"瞬间点燃了不少老师的精气神，人不够，亲戚凑；项目不熟，立马练习。我们坚持参加了比赛，最后竟获得了第二名，这也是年级获得的唯一团体奖牌。运动会结束后，大家迟迟不愿离开，各种摆拍与拥抱，使氛围达到高潮。我们的成绩或许是因为绝地反击，或许是因为团队意识，我想更重要的是有了领跑者。

慢慢走来，我们不断地跟跑，也偶尔领跑。领跑者是团队的精神引领，是有形的也是无形的，是精神也是行动。每个人都可以成为领跑者，心里的认同是关键因素。尽管任正非也深感高处不胜寒，追赶的时候容易，领队的时候不容易，但他还是用不服输的精神，跑出了领跑者的姿态。当我们跟跑时，需要对领跑者给予充分的信任与理解，他所面临的压力与迷茫是无法衡量的。当我们有机会领跑时，一定要全力以赴、小心翼翼。

人与人的相处也是领跑与跟跑的关系，从跟跑到领跑，是经历也是成长。我们要让自己有领跑的资本，也有跟跑的品质，这多么难得！

○ 珍贵的存在：一张宁静而温暖的书桌 ●

话　筒

2019 年已经远去，2020 年已经来临。

假期从今天开始。一早醒来，我内心升腾起久违的肆意感。翻看着手机里的照片，想要补发个朋友圈。情绪随着照片莫名地激动起来，历历在目的故事把自己感动得一塌糊涂。

在 12 月进行的"中层领导力"现场会上，石鹤和张明两位老师与 8 位中层领导同台登场，她们讲述的成长故事和工作感悟博得了来自全国各地 300 位嘉宾的点赞、喝彩。他们手持话筒站在聚光灯下的样子，光芒感十足。第一次碰头会的时候，她们很是吃惊，因为她们没想到，作为普通的学科老师，竟能站在全国性平台上发言。尽管经过了一次次的推翻与打磨，还是欠缺底气，直到握着话筒，她们才有了从脚底升起的自信。石鹤老师感慨说："话筒太神奇了，拿着它，我就觉得自己成了主角。"

11 月的教职工大会，石鹤被推荐为主持人，尽管她同意得有些勉强。经过精心准备，她的表现让所有人眼前一亮。张珊珊老师是一名数学老师，我和她搭班的时候，常听她说的一句话是："我是数学老师，我的嘴笨。"一个月后的"天使盛典"上，她在镜头前自信幽默，俨然与之前的状态大相径庭。她说："那次主持，我的声音通过话筒的传递，再回到耳朵的时候，我很兴奋，也感受到了意义，觉得自己很可以。"

赵静主任比我们一众老师年长几岁,她为人亲切有趣,大家都叫她赵婶儿。因为年长几岁,在很多大场合的灯光下,她总是自动退后,觉得自己没有优势。在期末的述职大会上,李建华校长指定她为主持人。会上,与精心准备的主持词与得体的服饰相比,站在台上的她更为亮眼,一出场就赢得热烈的掌声。她说:"握着话筒的时候,我觉得我没问题。"

记得之前王冰老师分享,当初她推出课堂三分钟演讲时,报名的孩子寥寥无几,后来她准备了一支话筒,孩子们就争先恐后地报名,于是有了很多精彩的发言。

话筒,只是单纯的道具,没有任何魔力。但它与人相遇以后,产生了巨大的能量,让握着它的人成为主角,有了发言权和光环感,从而激发了内心动力,增强了自信感。

一个学期以来,很多老师走上舞台,对着话筒,发出响亮而有力的声音。通过话筒媒介传出的不仅是语言的表达,还有存在感的提升。李慧婷老师的两次分享,自信优雅、大方得体,美出了新高度;柳亚青主任、吕静老师的两次分享,感动他人的同时更拨动了自己的心弦;马竞主任与杨海威主任的发言,有一战成名之感;陈琳主任与薛静娴主任的频频登场,使受益者颇多;王彦月和韩董馨园长的次次发声,带来的总是震撼。我也是话筒的受益者,每一次成长都与话筒有关,在我的眼里,它是成长的催化剂,也是能力的试金石。

道具被人赋予使命后,能散发出强烈的能量,让每一个与它相遇的人都被感染与激发。相册里拿着话筒的老师很多,尽管风格迥异,但相同之处又甚多,他们微笑、挺拔、美丽、自信,还有骄傲。台上是昙花一现,转身后却是繁花盛开,一路芬芳,经久留香。

课堂教学"贴地行走"的秘籍

周末闲暇时光，我将之前存储的资料拿来学习、琢磨。再次看时，印象虽不及当时深刻，却也因为文字与图片的无声，反而让思考的空间更加开阔，所受的启发更为跳跃。

在我的内心深处，一直盘旋着两个想法，一个是组织毕业于名校的研究生老师来一场对话，交流他们学生时代的佼佼者有哪些独特的学习方法和经典的成长故事；另一个是组织教学质量最优的学科教师做一场沙龙，就教学质量话题分享自己的教学心得，寻找课堂教学"贴地行走"的秘籍。

第一个想法还未成型，第二个想法在今年疫情结束后，幸得实现。在此次研讨中，高一兢老师、蒋静老师、王萌萌老师、魏盼盼老师作为学科代表，做了分享交流。

高一兢老师以"童年＝学习＋玩"为主题，着重分享了在班级课堂教学中小组合作的搭配方式和不同类型学生的分层引导目标。在合作中，优等生要适当以更好的学习习惯和方法成为"标杆"，帮助小组内成员共同进步；对于中等生，老师要给予关注，提升其自信心；对于潜能生，特别是调皮的学生，老师可以采用多种形式的奖励，比如延长"玩"的时间，开放更多的自由，来提高其学习兴趣。在具体的方法上，我们可以采取组内结对子，以及量化小组和个人积分等方法，并且将结果用有形的增长方式呈现出来，增强正向激励。

蒋静老师以"我所经历的数学教学"为题，交流了学生的学习流程。首先，她强调了预习的重要性——预习是学习的前置预热，更是引发思考和提问的关键时刻。用喜欢的方式预习，也是学生学习过程中自由度最高的环节。其次，她分享了如何利用小组合作的方式来激发学生的学习兴趣，让学生从被动学转向主动学。再次，她阐述了全员参与的课堂应有的模样，利用组内小展示、班级大展示的方式，辐射全班学生。放大展示环节，是知识再次系统梳理的过程，也是思维反复碰撞的过程，更是提高学生素养的重要路径。

王萌萌老师三年留守六年级，是带毕业班的好手。她以如何在短时间提升学生学习的自信心为侧重点，讲述了自己和新接手班级里孩子的故事。她创造坐地铁的机会，和学生一起回家；参与孩子的活动，与其并肩前行；和学生一起坚持单词背诵打卡……她说："培养关系，要从情感开始而非从知识开始。"此外，我们在她身上看到了许多和孩子们一起学习的坚持：单词听写，坚持做题，每周听 TED 演讲，每周阅读和写作等，她陪学生用坚持来夯实基本功。

近两年来，科学学科纳入考试科目，备受瞩目。教研组长魏盼盼老师是科学专业的研究生，自身学科素养很高。她分享的学科知识框架清晰，学习方法科学，可以看出学生对科学的喜爱度颇高。只是科学课时有限，如何在一人多班的情况下，让每一位学生掌握扎实的科学知识，是需要努力的方向。

在此次交流中，我们也达成了搭好学科框架的知识树（老师）、练好学科学习的基本功（学生）、用好学科教学的方法论（教与学）的基本共识。我们从教师教研方向、学生基本功的训练、教与学的方法研究三个角度，来构建教研的系统力量。在知识的学习中，化繁为简，注重加一加、减一减、换一换、排一排、组一组、思一思等多种简单学习方法的运用。在思

○ 珍贵的存在：一张宁静而温暖的书桌 ●

维训练中，注重启发提问与解决问题的能力。在素养能力的提升上，放大展示的功能。注重亲身体验的过程，增强组织与编演的能力，找准每一个环节的落脚点与价值点。

随着学校的发展，老师们也在经年累月的实践中沉淀了丰富的教学经验，形成了自己的教学风格。面对慢慢成长起来的经验型教师，如何通过多种方式带动新成长和新突破，是打破教研瓶颈的重要话题。老师对于课堂的理解、学科的理解、儿童的理解是教学改革的关键变量，我们不仅要用科学的方法获得成绩，更要注重学科育人的具象化落地。

最好的教研共同体是同学、同研、同思。在教研中不仅要重视文本研究、学情分析、方法研讨，更要注重老师视野和能力的时时更新。每次教研会时，教研组长要有意识地带领学科教师学习指导性文件，赏析经典案例，研究教学切片等，避免以逐个交流来平分教研时间，加强共同学习的力度。

在逐渐学习和思考中，我也更加深刻地理解了儿童立场的重要性。想要教好学生，让学生学好，最简单的方法就是不断强化自己的儿童立场。想要学生干什么，自己先试、先行、先思。拿语文学科举例，要想把听、说、读、写的核心能力转化为具体的学习步骤，可用读一读、讲一讲、演一演、背一背、写一写来表述。从这些具体环节入手，在学生学习前，老师可先试，用亲身试验来判断和调整设计。读书、讲故事、背美文、写生字、演课本剧……老师要成为这些内容的行家能手。

对于教研的落实力度和管理规范，需要形成有效的督导和评价机制，用系统的力量来推动运行，避免推则动、不推则止的情况。系统的力量不容忽视，它是有效的保障机制，也是可以不断循环的发力组织。

随着新课改的不断深化，对于老师的角色定位众说纷纭。不偏不倚，不走极端，从学习者的实际需要出发，是找准角色定位的重要原则。我们要根据不同课型和学科属性，时时转变角色，和学生一起更好地达成学习目标。大胆尝试，积极求变，坚持学习，在课堂教学中走出一条和学生共舞的道路。

"小学不小"

　　再次受邀给幼儿园大大班的家长做分享，最初只是在王彦月园长微信里轻率地"答应"，后来就不太记得了，直到韩董馨副园长在行政会上再次提醒，我才惊觉分享时间就在后天。小学部的运动会开幕在即，我的思绪瞬间有点乱。很多老师都对我有诸多谬赞，认为我任何时候都不需要准备，张嘴就能来，我也总是苦笑着佯装有这种能力。

　　去年 9 月 21 日，应毛阳园长的邀请，我做过这样一场分享，今年是第二次。尽管疲累，我的内心还是开心的，说明去年的分享是有价值的。王彦月园长开玩笑地说，以后要形成这样的惯例！

　　我一边和伙伴们为运动会做最后准备，一边在脑海中不断思考分享的内容。

　　从一个人走向一个团队，这给我带来很多收获。伙伴们带来的启发会让我有更多的思路与灵感。现在我也习惯性地把手头的事情和身边的伙伴们唠叨唠叨。这次也不例外，三两句的聊天，就有了这次分享的题目——"小学不小"。

　　之前与韩董馨副园长电话做过短暂的交流，了解了家长的需求与幼儿园举办此次家长会的用意，把握这个方向来做分享，问题就不大了。

　　听着外面激昂的运动员进行曲，我站在幼儿园活动厅的舞台上，内心

○ 珍贵的存在：一张宁静而温暖的书桌 ●

汹涌澎湃。三个班的家长把活动厅挤得满满的，想象着明年此刻，他们就是小学部的家长了，莫名的亲近感在我心中升腾着。

去年讲"一儿童，一世界"，是那个时刻的切题表达；今年讲"小学不小"，是新的体会与感悟。

小学作为基础教育阶段，被越来越多的专家学者关注，这一阶段对儿童与家庭的意义更是非凡。小学这一关键阶段对孩子的一生产生的重大影响是我们常常思考的问题。

虽是小学，却一点也不小。虽是小学老师，却是最令人敬佩的职业之一。

话题从运动会的火炬传递开始，借助"第十一届全国少数民族传统体育运动会"在郑州举办的契机，我们有了可学习、可参照的对象。尽管校级与国家级相距甚远，却丝毫不影响我们想办高规格运动会的热情。小学部管理干部相约一起观看了开幕式表演，并在群里热烈讨论可取之处，火炬传递就是从中学到的。令人欣喜的是，火炬传递带来了意想不到的效果。

"小学不小"，源于我们希望孩子的每一次经历都是与众不同、难以忘怀的。

转至幼小衔接的话题，外界教育环境给了这个时期的家长焦虑感与压力感。家长们一方面希望能尊重孩子的成长规律，顺其自然，另一方面又害怕孩子如果毫无准备地进入小学，会出现跟不上的情况。内心的天平左右摇摆，不安让自己变得无所适从。

与其说是孩子入小学会有各种不适，不如说是家长内心惶恐更多。据我这么多年的实践经验，不适应的孩子少之又少，只有极个别的特殊情况。美国心理学家格塞尔曾经做过一个著名的实验：让一对同卵双胞胎练习爬楼梯。其中一个为实验对象（代号为 T），在他出生后的第 46 周开始练习，每天练习 10 分钟。另外一个（代号为 C）在他出生后的第 53 周开始接受同样的训练。两个孩子都练习到他们满 54 周的时候，T 练了 8 周，C 只练了 2 周。实验结果出人意料——只练了 2 周的 C 爬楼梯的水平比练了 8 周的 T 好，C 在 10 秒钟内爬上了特制的五级楼梯的最高层，T 则需要 20 秒钟才能完成。这样的结果告诉我们，教育要尊重孩子的实际水平，在孩子尚未成熟之前，要耐心地等待，不要违背孩子发展的自然规律，不要违背孩子发展的内在"时间表"而人为地通过训练加速孩子的发展。

未来的小学生活是家长共同关心的话题，我开诚布公地分享了课程设计、课堂教学、评价体系、时间安排、住宿情况、升学情况等一系列的话题，让他们在有了大体认识的同时也多了一份向往。

"小学不小"，原本只是分享的题目，言尽才发现，真正的思考才刚刚开始。

○ 珍贵的存在：一张宁静而温暖的书桌 ●

不做班主任的时候

当惯了班主任，再做配班老师感觉还是怪怪的。

花了好久做心理上的调试，常常刻意提醒自己，要做好配班定位，不要越界，不可过多干涉。或许这样的想法有些荒谬，在班级工作中，每个人都应该是班主任的心态才好。

现在的班主任李老师，虽然之前没有做班主任的经验，但是一心扑在孩子们身上的心劲儿，让我深深地折服。她不计得失地超常付出，让"班主任工作是良心活儿"的说法掷地有声。

在班集体的建设中，班主任是灵魂，一个班主任的思想与眼界决定了班级发展的最高水平。班主任的追求就是班集体去向何方的风向标，把孩子们引向自己能看得见的诗和远方是每个班主任价值感的体现。

近一年的时间对我来说将是一种全新的体验，要懂得收，知道让，装迷糊，做聋哑，让心底的那一潭湖水尽可能地平静，让心里能装得下异声，眼睛里容得下不同，这是我必须面对的挑战。配班的格局与心胸要装得下班主任的思想，与其一致。不做班主任的时候，反而让我对班主任工作有了更加深刻的理解，"不识庐山真面目，只缘身在此山中"。

班主任是天底下最小的主任，而且是掌握实权的主任，对孩子们的影响、对家庭的引领，都是不可小觑的。一位优秀的班主任应该是学生和家长心里最大的精神寄托。

在孩子入学的时候，家长总希望孩子能碰到一个负责任、耐心、一直在线的班主任，能照顾好孩子的方方面面。进入中年级段就会期待班主任关心学习，重视课堂表现，关注孩子在班级的存在感。而到了高年级段，就会敦促班主任关注成绩、指导方法、疏导心理，让孩子顺利衔接小学与初中。

每个时期的家长与孩子都会有不同的需求，一味地满足需求是保姆式班主任最为显著的特征。从满足需求的角度开展工作，不过就是一个坑没填满，另一个坑已在等待而已。班主任要从填坑的状态中走出来，来到引领班级发展、让家长跟随的高地中，不需要一呼百应，却需要引领。保姆喂养的是身体，导师引领的是精神。孩子生病，每天提醒孩子吃药，家长会感谢你一时，让孩子懂得如何照顾好自己的身体，家长会感谢你一辈子。

最令班主任头疼的是孩子之间发生矛盾时，他们各执一词。没有证据，班主任无法下结论，要么调取监控，拼命寻找证据，要么草草了事。判官没有证据，怎么结案都是枉然。这也是被事件牵着鼻子走最典型的保姆式班主任。班主任不是判官，不需要对事件下结论，而是需要关注每个孩子起心动念的想法，引导孩子看得见自己，也看得见他人。孩子之间的矛盾不是用来解决的，是用来疏通的，结论只代表对错，而疏通才能让一潭水活起来。一个人重要的不是做了什么，而是怎么想的，事件的表象可以骗人，而想法却是一个人最真实的表达。

老师就是老师，不是父母，也不可替代父母，一旦开始扮演父母的角色就容易出现情感上的绑架。在寄宿制学校中，班主任照顾孩子的生活如家常便饭，吃喝拉撒都要管。与孩子接触多了自然情感更加深厚，但是一定要把握好度。可以满足其情感上的需求，却不可用情感绑架孩子的精神。记得一位年龄大些的前辈分享，他在教育孩子的过程中，最骄傲的就是孩子到外地上学时不想家。精神与情感相对独立，孩子可以走得更远。每到9

○ 珍贵的存在：一张宁静而温暖的书桌 ●

月开学时，我们都会面临换班主任孩子不适应、家长不接受的事情。其表象反映的是班主任工作做得好，孩子不舍，家长不放。但换个角度，也是班主任无形之中"绑架"了孩子的情感的表现，使孩子不能释然，影响孩子的发展。

无论哪个年龄段的孩子都需要精神层面的引领。班主任的精神引领是孩子拥有独立、自我约束、包容等优秀品质最重要的养料。品质是长出来的，不是养成的。此外，每个孩子都拥有不同分量的生命能量，这些生命能量也是需要生长的。孩子能力的强弱与生命能量密切相关，有时候孩子弱，弱的是生命能量。保姆式的班主任会妨碍孩子生命的成长。

琐事是工作常态，避之不及，也不用回避。在工作中多一分思考，就会多一分智慧；多一点观察，就会多一段认知；多一些可以，就少一些不悦。保姆式班主任仅为孩子小学六年负责，导师式班主任赢得孩子一生的尊重。要做一个会发光、有能量的班主任。

抓住开学好时机

今天与一位老师聊天，她感慨本学期的时间太短，短到一开学就开始讲新课了。时间带来的紧迫感，让我浑身的神经都颤抖了一下。上班这么多年，每个学期的时间都或长或短，教学计划与课时分配也会随之做些调整，貌似应该习惯了，可在实际的教学中还是会略显紧张。

这个学期有 3 个月左右，细算起来有 82 天。分配到教学计划中，每个板块都少得可怜，只能在教学内容的整合与教学策略的调整上多花点功夫，从而保证教学质量，使目标达成。

受到聊天的影响，我也决定从明天开始新课的学习。我随即调出假期备课资料，开始做明天上课的准备。就五年级下册这本语文教材而言，我已经是第三遍教授了，经常会被办公室的老师打趣说："课本都不用拿，闭着眼睛就能把课上了。"玩笑归玩笑，课还是要好好准备的。

开学初老师们都会花些时间用来做学生的收心工作，心收好了，进入状态，课堂也会更加有效。那老师需要收心吗？坐在教室的最后排，摩挲着这本并不陌生的教材，想象这个学期将会展开的一篇篇课文的学习，我的心里莫名地紧张起来。如何在有限的时间里保质保量地完成教学任务？这个问题再次冲击着我的心门。

与教材配套的教学用书就像咖啡伴侣一般，缺少时味道就会欠缺。每

○ 珍贵的存在：一张宁静而温暖的书桌 ●

次上课前我都会再次翻阅它，大致浏览一遍，确认备课时没有遗漏，重难点把握准确。这样的习惯会在课堂中给我带来胸有成竹的自信。

我已习惯于用阅读《教师教学用书》的行为作为自己的收心方式，特别是开篇讲述的教材说明。24 页的教材说明，是一个很好的教学指南，不仅对教材的结构、特点及需要注意的问题做了罗列说明，还把本学段课标中需要达成的目标在具体课文学习上做了分解提示。细细读来，80% 的课文都在说明中被提到，重难点也够突出。28 篇文章分布在 7 个单元主题中，编排意图与选取释义能够让人对整本教材有更透彻的了解。对于学段目标的整体性、阶段性、连续性也能做些宏观的计划。如"口语交际第三学段目标"为"与人交流能尊重、理解对方"。面对这样的目标，我常常会忽略或者不知如何落实与达成。而教材说明对其做了细致的指导："尊重"不仅要认真耐心地听，而且要尊重对方的人格，如"全神贯注"，不随意打断别人的话，聆听时可用神态做出反应；"理解"则是指站在对方的角度去听去想，理解对方说的内容，体谅对方当时的心情。此外，本书在三个学段目标的递进关系与侧重点上也做了细致的描述。在"教学中需要注意的问题"板块，从识字写字、阅读教学、口语交际、习作教学、综合性学习几个方面做了方法上的指导。

边读边批注这 24 页，带给我内心莫名的激动。读完后，整册教材了然于胸，就似与主编进行了一次深度对话。不仅知道了教教材、用教材教，而且更多地明白了教什么、为什么教、怎么教。清晰的脉络内隐含着千丝万缕的关系，我不仅在知识点的把握上心如明镜，更在学段目标的分解落实上有了更加清晰的思路。其实，"学什么""教什么"，更多的时候应该先明白"为什么"。

在上周两天的时间里，孩子们主要的任务是通读教材，做整体感知。在我了解基本情况后，跳出教材与主编对话，就有了上周的第一篇作文题目——"写给某某主编的一封信"，表达自己对教材的阅读感受及看法、建议等。在这个过程中，孩子们立足自己不同的角度，就插图、选文、园地、阅读链接等多个方面与相关编辑对话。这篇作文意在推动孩子对教材的学习热情，激发阅读兴趣，从而使他们在最短的时间内达到收心目标。

对于"新"，我无限期待，充满激动；对于"心"，希望师生紧紧守住，越稳越好。借助开学好时机，我和孩子们一起刷新目标再出发，稳稳收心，快速起航。

○ 珍贵的存在：一张宁静而温暖的书桌 ●

时间是最好的答案

上周三语文组"同课异构"研讨活动，权佳老师和杜静老师"同构"了《匆匆》一课。听课时，我忍不住和学生齐声朗读了课文，难以抑制的思绪层出不穷。这篇文章是朱自清先生的名篇，六百余字的散文，字字有感。

我对朱自清先生最初的印象来自《背影》和《匆匆》。他的文风朴实无华，不动声色的淡淡笔触却能描绘出直抵心灵深处的真实感受。有的时候，会觉得他更适合做个画家，他的文字像极了一幅幅真实、充满感染力的画面。

《匆匆》一文，因追寻时间踪迹而引起情绪的飞快流动，全篇格调统一在"轻俏"上。文中有一系列排比句："洗手的时候，日子从水盆里过去；吃饭的时候，日子从饭碗里过去；默默时……"相同的句式呈流线型，一缕情思活跃而又恬静的画面迅速展开，我仿佛看到时间流逝的过程。句法结构简单，没有多层次的变化，如一条流动的河，流水不断，如一把调和的琴，泛着连续的音浪。文句没有刻意雕琢，只是"随随便便写，老老实实写"，用鲜明生动的口语，把文情不受拘束地表现出来。

朱自清先生写这篇散文时年仅 24 岁，在这样一个风华正茂的年龄却发出了如此叩问，着实引人好奇。

1922 年，时值"五四"落潮期，作为知识分子的他，在现实给予的不断失望中彷徨却不甘心沉沦，仍然执着地追求着，却苦于找不到出口和方向，无奈地惋惜时间的匆匆。

是的，无论发生着怎样的变化，时钟总是在嘀嘀嗒嗒地行走。我尽管也深感时间的匆匆，却与朱自清先生的匆匆大为不同。

倏忽间，学期过半。有意识去做期中总结的时候，却发现笔触怎么快也赶不上脚步的匆匆。

9 月的教师节表彰、拓展课嘉年华、绘本新书发布会、一年级农耕日、六年级荣誉接力、第九届学生运动会；10 月的大队委换届选举、六年级表彰、五年级农耕日、国际班开封研学、新教师培训、民办教育校长培训班；11 月的家委会换届选举、名师大讲堂、河南省模拟联合国比赛、高新区合唱比赛、科学家进校园、二年级家校共同体见面会……一个个大事件将我们的时间脚印串成一条发光发亮的柏油马路。

再去看常规线时，也有不小的突破。德育中心与后勤中心共同努力，攻克了分区域家长接学生的难题；年级部与班级组紧密配合，带领家长志愿者每周一上路指挥，极大地缓解了堵车的问题；教学处牵头学科组引领周末大教研，夯实了学科教学工作；体育组积极创新，改良课间操内容，最大化地利用操场空间，提升课间操质量；英语组承担的芝麻街"周五见"节目坚持得非常好，高潮不断。在守好常规的基础上，我们也突破了不少难题，让"人行道"也散发着与众不同的气息。

"主车道"非教学莫属。10 月启动的"同课异构"研讨活动，历时 6 周，现已完成了第一阶段的公开课。36 位老师登台授课，可圈可点处甚多。蒋静、李春晓、石鹤、杜静、侯晓丽、张珊珊、权佳等多位老师为我们带来了精彩的课堂。此外，老师们评课的能力也在这轮研讨中不断提高。

站在期中的时间节点上，回忆着走过的每个红绿灯。绿灯时，我与伙伴们大踏步地向前奔腾；红灯时，我们毫不犹豫地踩下刹车静静等候；黄

○ 珍贵的存在：一张宁静而温暖的书桌 ●

灯时，我们会多一份思考与静默。时间在我们的手中，每一秒都有迹可循。尽管依旧匆匆，却也不曾空虚。

朱自清先生说："我何曾留着像游丝样的痕迹？我赤裸裸来到这世界，转眼间也将赤裸裸地回去罢？但不能平的，为什么偏要白白走这一遭啊？"

我想，时间是最好的答案，它既会交给我们一份真实而客观的答卷，也会回答经历与存在的意义。脚步可以匆匆，心却要慢慢跳动；眼睛可以匆匆，大脑却要慢慢思考；双手可以匆匆，脉搏却要照常律动。

在匆匆的日子里，去感受徐徐的清风吧！

语文学习伴随一生，历久弥新

曾有研究指出："一个孩子，从出生之日起，其接触的语言，往往会注定他一生的精神格局。一个孩子的语言发展史，就是他的生命发展史、精神发育史，也就是说，儿童所遇到的语言，好比教育学意义上的母亲，扮演着保护与指引的角色，她不仅帮助儿童学习语言的运用，提高审美情趣，还会传递价值观和信仰……"语文学习伴随孩子的一生，历久弥新。

"语文"缘起

清末，有门功课叫"国文"，教文言文。五四运动后，白话文兴起，小学"国文"改称"国语"，侧重白话文教授。后来叶圣陶等先生建议，不再用"国文"和"国语"两个名称，而各取一字，一律称为"语文"。多年以来，小学语文经历多次改革，一大批富有创新精神的教师对小学语文教学进行了积极的探索，小学语文教学改革试验如雨后春笋，涌现出许多从理论到实践都卓有成效的教改经验。

○ 珍贵的存在：一张宁静而温暖的书桌 ●

"大语文"观

第一次听到"大语文"这个概念是在一次教研会上，讲师问老师们："艾瑞德语文老师要如何教语文，才能培养出未来具备精英素质的新一代呢？"答案似乎就在嘴边，张嘴却不知从何说起。我们陷入了沉思，讲师微笑致意："大语文。"当语文老师把语文教育窄化为教学的时候，往往一下子窄化到"教课本"与"教考题"，而这也是一种教育，这种教育的后果则可能是只见分数不见学生。而"大语文"是一种思想境界，是语文学习的"道"，也是一个语文老师应有的智慧和格局。这仿佛一束光照进了我们的思想，使我们豁然开朗，从此围绕"大语文"进行不断深入的探索和实践，从思想观念的转变，到课程设计的优化，再到课堂教学的落地，研讨间智慧碰撞，实践中逐现成效。以"大输入"与"大输出"为抓手，我们带领孩子们打破教室的围墙，打破班级的界限，打破单一教材的束缚。我们带孩子们走出去，在生活和自然中学习，在学校平台上交流绽放，在海量阅读中遨游。

落地生根的"大语文"核心素养

"读懂教育，读懂学科，读懂儿童"是教学的先决条件。基于此，我们从"知识核心时代"逐渐走向"核心素养时代"。将语文课程标准中的目标与孩子语文学习能力的发展相结合，我们确定了语文学科的核心素养，即一手好字，一副好口才，一篇好文章。

"一手好字"包括识好字、写好字和讲好字三部分。这体现了低年级语文教学以识字、写字为重点，也表明了汉字的识与写是语文学习的奠基工程，贯穿小学一年级到六年级。此外，汉字是我国文化中的瑰宝，一字一世界，每个汉字的由来都值得孩子们去了解，去解读，从而发挥汉字的育人功能。

"一副好口才"着重培养孩子"倾听、表达、应对"的能力。一个人的口才往往是知识水平、思维水平、反应能力、表达能力的综合表现，也是"大输出"的重要体现。有人说，"地球在缩小，舌头在延长"，很形象地说出了"一副好口才"的重要性。

"一篇好文章"包括读懂文章和写好文章两方面。读懂一篇好文章是吸纳，是重要的阅读能力和学习能力，也是"大输入"的主要途径。在学校里，几乎每个学科的知识都是需要通过阅读来学习的。写，是思想的表达，情感的流露，交流的方式，需要积累、观察和运用。孩子们从一年级开始用图画和文字表达心情，二年级能看图编写故事、写图文日记，三年级以上能够写多种题材的文章，从乐于写慢慢走向擅长写。"生活即作文，作文即做人"，写作应是一件快乐的事情。

三个核心素养的目标是语文学科工具性和人文性的题中应有之义，工具性与人文性犹如一枚硬币的两面，相辅相成，相得益彰。

"一主两翼"的"大语文"课程资源整合

"一主"，指国家课程校本化实施。

在教学过程中，我们会结合当下的实际情况更改单元的原有顺序，使教学效果最大化。在具体的学习路径中，我们改变了"按课单讲，精读细讲、略读粗讲"的模式，以大单元教学的方式助力孩子们的学习。围绕主题将内容进行划分，设置"预习自学课、字词书写课、质疑讨论课、文章诵读课、精讲提升课、拓展延伸课、群文阅读课"，把知识打通，还权给孩子，让孩子们在具体学习中提升能力。在教材的处理上我们也做了取舍，"放大"了孩子们感兴趣、有探索价值的篇目。教学重在体验和生活的链接，不受精读课文和略读课文的制约，也会大量选取课外同主题同类型的

○ 珍贵的存在：一张宁静而温暖的书桌 ●

文章纳入单元中，使孩子们展开举一反三的学习。

"两翼"，指"国学经典"与"海量阅读"。

人的内涵改变和精神境界的升华是由感性到理性的过程。而感性的东西要达到理性，需要量的积聚，即所谓量变到质变。国学经典的不断诵读就是对古圣先贤思想学说的感性累积，日久才能成为理性思维，从而让孩子们学有所成。学校一直鼓励老师和孩子诵读经典，每周从语文课时中分出一课时进行学习。通过读、想、说、写的深切体验，结识慈祥的孔子、雄辩的孟子、智慧的老子、幽默的庄子。他们会微笑着一路走来，教孩子们认识自然、探讨人生。上有先贤，耳濡目染之中，让孩子们真正走进国学经典构成的看似古老、实则鲜活的文化世界，感受传统文化的厚重、温润与美好。

我们常常在想，语文究竟要怎么学？其实古人早就有"熟读唐诗三百首，不会作诗也会吟"的说法，所以"阅读"是语文学习的不二法宝。有了这个思想认识，每个学期老师们都会结合孩子们的年龄特点和教材的链接阅读为孩子们开出书单来。书单包含两部分：一部分是必读书目，这些书通常都会以班级同读一本书的方式来展开，让孩子们朗读精彩片段、演绎故事、积累好词佳句、分享感受体会；另一部分是选读书目，孩子们可以根据自己的兴趣来选择。班级内会开展"晒晒我的阅读书单"活动，孩子们可以记录分享自己的阅读书目、字数积累、好书推荐等。

"读一读、讲一讲、演一演、背一背、写一写"的"大语文"课堂

"大语文"课堂主张"读一读、讲一讲、演一演、背一背、写一写"。"读一读"不仅是一种读书的能力，更是一种学习的意识。读的方式有多种：朗读、诵读、默读、速读、浏览等。可读的内容也非富多彩，老师们只需引导孩子们多读，读得多了自然而然就埋解了。在课堂活动中老师有

三不讲：第一，自己能学会的不讲；第二，可讲可不讲的不讲；第三，讲了也不会的不讲。一节课中老师讲的时间应控制在 15 分钟以内，老师少讲的目的是让孩子们会讲，孩子们的"讲一讲"是学习的过程，更是学习效果的展示。一节课中孩子们有充分的时间进行自主、合作、探究的学习，老师从旁观察点拨即可。"写一写"要避免重复而无意义的学习，如低段写字教学。可指导孩子通过细心观察、用心书写、运用多种方式的记忆，达到预期的教学效果。这样既降低了孩子的学习负担，又提高了学习效率。孩子天生爱游戏、爱活动、爱体验、爱实践，将学习过程活动化，必然事半功倍。如在学习童话类型的文章时，可先让孩子们读，而后演，从而使孩子们会讲，会编。这个过程中，放大"演一演"的体验环节，可以让孩子们在活动中感受童话的魅力。语言文字的美不言而喻，通过不断的"背一背"，让积累转化为外显的素养，出口成章的孩子一定会是自信的！"大语文"课堂充分尊重孩子自学、合作、交流、展示的权利。老师最大限度地不干涉，有助于保持语文的韵味、美感和完整性。

善变的语文教师

专家型教师成长的四大支柱是学会认知、学会做事、学会生活、学会生存。还要加上"学会变化"。信息化时代瞬息万变，语文学科历来久远，语文老师如果不能保持"善变"的思维，终将被时代所抛弃。"善变"，变的是观念。孩子们是学习的主角，老师既是搭台子的人也是观众，所思、所想、所做、所为都要从孩子们的需求出发，站高一线，眼光长远。"善变"，变的是思维，是对自己的不断更新，每位语文老师身上都应长满天线，随时随地接收新鲜的信息并与语文学科链接内化。"善变"，变的是学习的途径。近几年，我们不断走出去、请进来，与名师、名校零距离地接触交流。近期兴起的 APP，也成了老师们很好的学习工具。各种钉钉群、

○ 珍贵的存在：一张宁静而温暖的书桌 ●

微信群发布的课堂实录、课题研究、名师讲座，既方便又实用。我们应把握时机，静心学习。

　　既有"善变"，又该有"不变"。"不变"的应是保持语文老师诗情画意的韵味。从古至今，文人墨客无一例外，会在举手投足、言谈举止中透出文化的气息。"不变"的应是对于学科精进的态度，老师们精心备课，从练字、解读课标、分析教材到书写教案、制作PPT，要无不用心；再到逐一过课、点评回馈、二次修改、超越自己，要无不精心。"不变"的还应是语文老师的纯粹，要心无杂念，只为教好学生。

　　闭上眼睛感受对语文学科的理解，似乎以上内容非我所想，却一直在做。在我的心中，语文充满诗情画意，充满文化的气息，如二月春风拂面，又如小溪潺潺流淌，是徒步黄河追根寻源的执着，是千年不朽文字的演变，是历代大师思想的延续，是诸位学者文中的精髓，是写字，是读书，是说话，是生活，是最简单不过的学科。正是因为看似简单，所以我们才会用尽一切力量使它保持那份简单，并将这份厚重的简单传递给我们的孩子，让他们学得简单。

观 课

今天我们迎来了三（1）班何老师和三（4）班赵亚琼老师的语文"同课异构"公开课。他们所选课文为部编版三年级上册第十八课《富饶的西沙群岛》。

我踏着第一节课的预备铃声走进三（1）班教室，孩子们正在认真地背诵古诗，书声琅琅，浑厚有力。侧边书柜上的各色水杯摆成一条直线，整齐有序。

何老师在一角默不作声，倾听沉思，新编的发型很是亮眼，能看得出，她做了精心准备。铃声响起，她语调轻柔地开场了，言语不多，直接开门见山切入主题。复习词语，回忆课文围绕什么写西沙群岛，根据这个中心让学生自读课文，了解具体的描写内容。之后，小组合作学习、朗读汇报等环节把文章的重难点、结构脉络清晰准确地引入学生的视野。整节课，我看到学生的"眼"和老师的"眼"时时交流。用心领神会来形容并不为过，学生的"眼"在于接收老师的"信息"及时而准确，在于自己对课堂学习的参与状态和探索精神。

何老师是这个学期新接班的，在不到两个月的时间里，就与学生形成如此默契，实属难得！

课堂上一个孩子读书的镜头，让我们有些动容。一个靠窗的小男生，

○ 珍贵的存在：一张宁静而温暖的书桌 ●

在所有同学都结束朗读后，依然专注地读完才停。同学的聆听，老师的等待都是一种欣赏。这样的等待，让我们感受到了安全的师生关系与自由的学习氛围。学习课堂上的真实经验，绝对不只是对文本、对表层知识的了解与掌握，每一个细微处都表达着人文情怀与平等对话。平时与何老师打照面的机会不多，总觉得她不爱笑。而今天在课堂上我才知道，她的笑容如此甜美。这就是课堂的魅力！

我对三（4）班真是太熟悉了，上周才听了李丹阳老师的英语课。我走进这间教室，仿佛上次课的感觉还在。课前，孩子们背诵国学。铃声响起，课程正式开始。赵老师也以词语复习导入，并独具匠心地选择了课文中重要的四字词，以词梳理通篇课文的主要内容。在每个教学环节上，赵老师都将知识点迁移到习作上，学以致用，引发思考与实践。当然，这节课的朗读应该是亮点。学生们有感情地读出了西沙群岛的美丽、富饶，读出了理解，读出了对祖国大好河山的热爱之情。虽然情至意未出，但是赵老师对自我的突破与成长也在学生的表现中有所呈现。

课后孙超老师与我交流："赵老师是我所见到的老师中为数不多的踏实勤勉型。"对自己有要求，对未来有追求的赵老师不断反思与提升自己的教学能力和方法，总是一丝不苟地做着读书、教研、备课等工作。她的这种精神和态度也是对学生非常珍贵的教育影响力之一。每次看到她娟秀有力的笔锋，看到她带领学生练字，看到她用耐心细腻的笔触给学生写作文评语，我的心底总会升起一股敬佩之情。这就是一个老师应有的"眼"——统贯全神的底蕴之力。

这一段时间观课结束后，我总会被不同的老师拉着聊天。有的是交流观课感受，有的是表达组内设计课时的思路，还有的就是想夸奖组内上课老师的进步。我很乐意听，他们每一份表达背后都是一个教研团队精进的态度与互助成长的意愿。

"同课异构"教学研讨活动，其设计初心是为了加强学科专业教研水平与能力，提升教学效率，完善课堂建设。以一课两构的设计思路碰撞出高水平的课堂教学设计案例。在实际操作中，各教研组会根据对教材的不同理解，选择不同的策略，选用不同的资源，进行别出心裁的教学设计与课堂教学展示，并在课后进一步研讨，形成完善的优秀案例。此外，我们还在这一轮的研讨活动中收获了教研组空前的凝聚力。

　　两位老师，一位是新人，一位很年轻，在这个"同课异构"的平台上崭露头角，表现不俗，用精进的态度与扎实的专业功夫呈现了良好的风貌。让我们踏实走稳每一步，铺就儿童成长的金色大道。

"家"主题

　　本周开始，老师们的每日练字正式上线，从原本的板书练习，转变为硬笔字书写练习。一早我便在小学教师群看到了语文老师张明的打样作品。更为贴心的是，她还专门录制了小视频，对今天练习的关键字做了讲解。这让我想到了，在第三周的课程讨论会中，她分享了自己这一段时间以来的线上班级管理工作：每日小结、家校本个性化批改、电话一对一沟通等工作，面面俱到。她的做法不仅消除了家长的各种担忧，还准确地把握了孩子们的学习情况。这些细致的工作让她胸有成竹。本周上线的拓展课，她所开设的硬笔书法课程，也是人气爆棚。美术学科出身的她在语文教学中更是表现突出。在她身上，我看到了一位老师"愿意"的力量。把一件事情做好，最关键的因素应该是"我愿意"。

　　随着时间的流逝，经纬线上的人和事，会无须提醒地来到眼前。第三周已经开始，第四周就应该已在路上。14：00，我又与一个新的小组见面了，它的名字叫"第四周课程讨论小组"。为了做好每一期课程，我们都会抽取一部分老师参与讨论，倾听他们的想法与反馈，以便融入更加贴切的元素。

　　从教育部下发的"停课不停学"指导文件中，我们大致提炼出几个教育主题方向：关于疫情、关于生命、关于家国。上周我们选择了生命主题，围绕"植物、动物、人类、微生物"几个群体，从了解、分析、对话、创思、反悟几个层面引导学生展开学习，从而使他们达到对生命的完整认识，并尊重生命，深刻体悟，拥有敬畏之心。本周的主题课程定为"家"。

我跟老师们开玩笑说，当你不知道这个主题可以做什么的时候，可以玩一个游戏：一字开花。给"家"组词——家庭、家族、家国、家风、家训、家人等，有了这些词，大家的思路瞬间就打开了。大家畅所欲言，很快内容就丰富起来。

在讨论中，我们一致认为：在课程的设计中，要以孩子的年龄特点和认知水平来拉开学段的梯度，不仅要从横向的发散性思维出发，还要在纵深的挖掘性思维中去做分层。在进一步的梳理中大致分了三个学段，分别以家庭、家族、国家为主题来侧重展开。每个小主题下设六项活动案供选择。三个学段既有相同的部分，如"幸福港湾"活动，又有各自特色的部分，如说文解字"家"、漫话家常、小家大国等活动。

在这次讨论中，我们既有集体讨论，又有分组讨论，极大地提高了会议的质量和效率。为了同一个目标，大家积极参与和贡献力量，每个人都不容小觑。这次会议让我格外欣喜，老师们的学科专业能力普遍过硬，主动融合和打破边界的思维方式，使我们比想象中的进程要快得多。每一件事情都是成长的契机，裹挟和席卷更多的老师一起来，这也是未来的主旋律。

说到主题课程，相对而言，我们都不是经验最丰富的。每次探讨前都会有些门外汉的感觉。但是，只要相信给我们指路的人是对的，路是对的，我们就一定会不遗余力。做着做着就会觉得，其实很多时候，我们是小看了自己。任何事情，只要学，就没有学不会的。

工作的激情，很多时候是从困难和挑战开启的。每个人都希望能实现自我的价值，让我们踮起脚尖来思考，俯下身子做实验吧。春天不远，指日可待。

"生命"主题课程

一早从手机里传来好消息，2020 年 2 月 21 日 0—24 时，郑州新增新型冠状病毒肺炎确诊病例 0 例。这个 "0" 着实让我们稍稍松了口气。我站在窗前肆意地拥抱阳光，看到窗外的绿色在不经意间多了起来，外边的世界也如开冻的冰河有了缓缓流淌的感觉。希望更近了，武汉加油！

这场疫情无疑是对生命的掠夺与考验，无论年龄、职业、民族、信仰，生命的话题在人群中都被无限放大，让我们不得不重新去关注生命状态、生命对话、生命链接、生命光点，从而再去审视与理解生命的意义。

关于生死，更多的是哲学话题，但当它摆在我们面前的时候，我感觉到的更多的是生活、生存、生长、生态的话题。

我们即将上线的主题课程就会围绕 "生命" 主题展开探索。在这些看似荒芜的时间里，有许多人挣扎在生命的边缘，我们除了珍惜生命外，还应该对它有更多了解和探索。所以，开展这样的学习，此时最为合适。

生命状态

关注自己和他人的生命状态，从日出、日落中体会到一份安静从容，从社会百态中找到一份内在的安全感，从平凡琐事中体会生命的价值与成就，这应该就是好的生命状态吧。生命其实就是一系列可能性的总和，任何鄙视自己、懈怠生命的做法，以及对坎坷的畏惧都是对生命的一种亵渎。而生活是平实的，我们要培养感受生活细微之处的觉察能力，哪怕如"苔米"一样的小花，哪怕是自己长高了一厘米，你的内心都会温暖，都会有真切、踏实的感觉。

生命对话

人与人的对话，除了语言的流淌与眼神的对接，还有思想的碰撞与心灵的交互，当然还有重要的感觉链接。而生命对话，更多的是与自己的对话：我是谁？我从哪里来？我想要过怎样的生活？一系列的自我追问与对话，可以促使我们更多地了解自己，发现生命的秘密。趁这样的时光，慢下来，与生命对话，会让自己更加通透。

生命链接

地球上有很多生物，但是人是唯一具有思想并且懂得创造的生物。除了我们人类，还有很多其他的生物，如果少了这些生物的陪伴，人类也会黯然无光。茫茫宇宙中，每一个人都是独一无二的，懂得自己的珍贵，并能认识到自己与周围环境之间的链接关系，是难能可贵的。

生命光点

在前期的调查中，我们发现部分学生家长和部分老师的家属作为医务工作者，奋战在生命救援的第一线，还有的在参与"小汤山"医院的建设，在疫情防控第一线工作的也不少。特殊时期的特殊贡献就是生命光点。每

○ 珍贵的存在：一张宁静而温暖的书桌 ●

一次贡献与成长的光点，会汇集成生命里的亮光，让前行更加有力。学会捕捉，方能汇聚，捕捉生命光点，也是一种能力。

　　当我们能在更深层次关注生命存在的状态，与自我对话，与环境链接，捕捉到生命里的光点时，或许会打开一扇熟悉却从未踏足的大门，开启另一种觉知与存在的方式。让我们一起来探索这样的课程吧！

凝聚教研的力量

微光亮起，天露白迹。过去，每天早上都是被梦想叫醒的；现在，每天早晨都是被数字唤醒的。醒来的第一件事就是关注疫情变化数字，连续十几天的下降，给大家带来不少欣喜与安慰。

这一段时间在网上上班，困住的是脚步，放飞的是大脑。我看着钉钉运动里少得可怜的步数，再看看钉钉群里不停跳跃的信息，感慨万千。新的工作模式好像颠倒和改变了一切，不打招呼就到来的新生态，尽管让我们措手不及，但也激发了探索、尝试、改变、创新的步伐。貌似我们也要开始学会接受和享受。

面前紧急又重要的工作是教研。关于教育部"停课不停学"的文件要求和"仁者见仁，智者见智"的精神解读，抑或是各类型课程设计和课堂内容的选择，都需要开动教研的机器来落实。

学校的教研共同体是以大学科为单位的纵向和以年级为单位的横向两相交织来设计的。大学科教研侧重国家课程的有效落地，注重学科知识、学科素养、学科育人功能的落实，年级部教研则聚焦年级段特点、学科融合、个性学习方面的方式方法。两条线的交织，织出教育教学、学生学习、教师成长的一张立体网。

○ 珍贵的存在：一张宁静而温暖的书桌 ●

常规教研底盘稳

刚刚启动线上课程设计与教学研讨的时候，我的内心像被掏走了一大块儿。首先，没有师生互动与手里紧握的粉笔，课堂好像少了灵魂。老师对着电脑，单纯地录课、直播，像一个人在自说自话。如何走出内心孤巷，向着更高阔的天地瞭望，是教研首先要解决的关于教师转变的重要内容。其次，对于学情的把握，是另一条需要牵着的线。我们必须一手扶着老师，一手牵着学生，用各种教研方式，解决一丝又一丝内心顾虑，诞生一个又一个可行办法，生成一项又一项阶段性成果。就这样，我们逐步、分批、全辐射地完成了从 0 到 1 的线上课程起步。第一阶段是全员发动的起始阶段，除了课程的教研，还需技术的攻关。以备课组为单位的小教研，发挥了重要的作用，我们集合组内智慧力量，合作完成包括课时内容设计、教育技术使用、学生学习反馈信息等基础问题，顺利完成了阶段目标，很好地落实了学校课程设计的意图。第一周，首战告捷！如果说要给任务顺利完成寻找一个必要条件，我想应该是：常规教研的底盘稳。

跨学科教研底子厚

教研像一台永远不停歇的机器，伴随着问题与目标而出现。第二周的课程设计依然需要教研。除了需要大量参照来自老师、学生、家长三方的反馈，还需要及时学习新的文件精神，关注疫情的时时发展。我们在第一周走在了很多学校的前面，或许对他人产生了一些影响。而第二周，更需要切合实际，精准设计。"1+1"的课程安排是我们的首选。一方面嫁接河南省的优质课程资源，另一方面继续校本课程链接与延续。随着拓展课程的上线，本周教研需要攻关的难题是拓展课程的门类遴选、选课方法、授课方式等。聚焦这些问题需要打破学科界限，开展以综艺组为主，其他学科为辅的新教研。一支有特长、有特色、有特点的新教研团队开始了紧锣密鼓的筹备。当然，不必怀疑，一切顺利，且火光迸发。早在开课的前几天，各个课程的预热微视频就已满天飞，提前点燃了课程的引线，"吸粉无数"。在跨学科的教研中，老师们表现不俗，拿出了自己的另一个"1"，成就了学校的另一个"1"。

主题教研底色浓

关于疫情教育、生命教育、科学教育、信念教育等话题，随着疫情的发展，闯入了我们的教育视线。在这段看似荒芜的假期里，究竟应该带领学生如何记住这个春天，成了我们新的教研话题。随之而来的关于"生命"主题"1*N"课程成了新的教研内容。这样的课程需要更多的打破和更多的融合，以主题牵动各学科的联动，完成两大课时的整体设计。新的教研组织已经动工，以年级组为单位的主题课程正在围绕"生命"主题展开翅膀，去异想天开、深刻体验、深度思考。

对于老师们而言，教研是伴随教学生涯一生的课题，教研引领教学，又反哺教学，是老师们成长的重要组织和阶梯。学校教研工作在不断发展，除了学科专业的探究，在老师的个人成长方向上也做出了不少努力。会读书、会思考、会研究、会发言、会分享、会合作、会协同、会提问、会组织、会设计、会解读、会教学，还有更多的"会"，期待着我们的教研共同体一起努力。

○ 珍贵的存在：一张宁静而温暖的书桌 ●

链接感

晚间收到了吕静老师发来的新一周升旗仪式视频，整个视频长 20 多分钟。我从头至尾看了两遍，不是为了提供修改意见，而是内心充满了链接感，心里连道三个"好"。我有三个感受：

第一，校长故事讲得好。李建华校长坚持每周给孩子们讲故事，六（4）班张昊坤妈妈和六（5）班刘元赫妈妈成了本周故事的主人公，这极大地拉近了与听众的距离。在校长的讲述中，我们知道了两位家长用读书带动家风建设，滋养儿童成长，不仅成了所有家庭学习的榜样，更为重要的是对自己和孩子的影响。从艾瑞德家庭的故事中，"读书"入了孩子们的心。

第二，读书分享做得好。围绕读书的话题，4 个孩子、5 位家长、1 位老师走入视频中，用单个或是组合的方式给大家做书目推荐和感悟分享。尽管每个人在镜头前只说了几句话，链接感却十足。关上视频后我还能回忆起她们分享的《独自上场》《哈佛公开课》《中华史》等书目。

第三，歌曲唱得好。在升旗仪式的结尾，19 位同学的手语歌曲《不放弃》让我们感到激动。前段时间，为武汉加油成为舆论的主话题，大家都在用不同的方式为武汉加油。音乐组牵头的歌曲创编活动，将孩子与家国联系在一起，爱国教育与社会话题都恰到好处地装进了教育的口袋。升旗仪式在大家的心心相融中画上句号。

本周升旗仪式的阵容较前几周壮大了许多。从头至尾 38 位伙伴联袂登场，看到那么多熟悉的面孔，听到她们的声音，感受到她们内心的微笑，不仅安慰了我们内心的想念，更凝聚了新一周的力量。

我还记得一月底的第一次工作会议，当讨论到"线上课程的保留项目"时，大家一致建议保留升旗仪式。理由很简单，它对孩子很重要。是的，无论是校长讲故事、校长信箱来稿分享、瑞德少年颁奖、干净模范班级锦旗颁发、各类获奖荣誉表彰，还是校旗队、合唱团、军鼓队的增姿添彩，都让这个台子有了太多的期盼与欢呼。我们也将升旗仪式看作一个大舞台，除了必要的教育感，更多的时候是在创造更大空间，让孩子们都能有机会走上去。让每一个舞台都和孩子产生关系，产生链接，是我们做事的初心。

疫情当下，见面是一种奢望，彼此之间也少了很多交流。持续以来的线上课程，把每一个家庭与学校都紧紧链接在一起，但更多的时候我们希望，那条为彼此带来联通感的线一直都在。

无论是线上课程还是德育活动，如果有一个共同出发点，那就是持续链接。有了链接，就有了联通，有了联通，就有了没有围墙的世界。

○ 珍贵的存在：一张宁静而温暖的书桌 ●

不能见面的日子更需要共情

已经慢慢开始适应居家办公的方式了。尽管生物钟没有闹钟那么敏感和准确，但也基本上形成了新的时间观念。原本在学校里的常规项目，也逐步开始恢复。每日练字打卡、线上教研、网络学习、各类例会等都已正常，读书分享会也被排上了日程。

从 2 月初线上课程的筹备至今，不知不觉中，我们已经工作一个多月了。回顾这一个多月时间，真是五味杂陈。今天与几位老师视频聊天，大家都表达了自己的心声，除了期盼早日返校，每个人也都谈了谈自己的感受。在摸不着、感受不到的网络空间里，有一种不知道如何使劲、如何表达的情绪，单纯通过文字沟通和交流，很难达到共情。

的确，足不出户的生活方式让人的身体与情绪都很难得到释放。加之新的工作模式带来的挑战与孤单的奋斗，不免使人心中不稳，情绪容易波动。

今天的聊天带给我很多思考。一段时间以来，大家都将所有的注意力放在了线上课程的设计以及与孩子的沟通互动中，忽略了彼此的心理活动与情绪宣泄。人是情感动物，总需要在交流互动中去满足内心的需要，就像孩子得到父母的一个拥抱就能化解内心千丝万缕的情绪一样。成人也同样如此，尽管平时在一起工作，不见得会有多么亲密的交流，但彼此传递的问好与微笑，就温暖与化解了内心偶尔的波澜。所以，在新的工作模式中，我们需要找到适合的沟通渠道与方法。

如何共情，是维护关系的关键。

记得之前一位老师给我私信："感谢你给我分配了工作，让我重新活了过来。"尽管是句玩笑话，但也透露出，他内心有被需要的需求和渴望交流的意愿。时时看得见、想得到彼此是多么重要的事情啊！

如何有效沟通，是新工作模式的衍生课题。

不见面的沟通效果本就大打折扣，更不能在沟通中掺杂个人情绪，这样效率更为低下。有效沟通的前提一定是多认可、少反问；多相信、少猜测；多倾听，少打断。哪怕是些废话也有其存在的意义。所以，我也给自己定了个目标，每天和一位老师通话，哪怕闲聊也会是十分有意义的。把耳朵放到别人的灵魂中，用心去聆听那些最急切的喃喃私语。

如何表达需求，是化繁为简的有效方法。

有位很有意思的朋友，她每次不开心的时候，都会在开场先说明自己的情绪，表达自己的需求，尽管话不好听，我们也会对她多一分理解。这样的方式，反而能很快解决问题，特殊时期里的沟通更要直接表达。

这段只能通过网络联系的时间里，要对自己多些克制，对别人多些理解，把时间过充足，把空间腾干净，把情绪梳理通，给内心充满电。我想象着与环境的同生共长，传递着可以发射的共情信号。缺少相望的日子里，用心去感受彼此，共情陪伴，等风来！

○ 珍贵的存在：一张宁静而温暖的书桌 ●

为生命做练习

钉钉信息闪烁不停，一张张清晰新颖的思维导图跃然电脑屏上。艾瑞德国际学校"第六周主题课程设计小组"正在进行周课程讨论。自开展网络教学以来，这样的情景就屡见不鲜了。老师们学会了用思维导图来表达自己的课程设计想法，大大提高了效率。

"停课不停学"的主导思想发布后，学校在响应国家号召的同时，积极优化课程内容，形成了以疫情为背景，以当下为教材，以生命为教育目标的主题课程。一方面保留原本常规课程，如每日三分钟演讲、晨检晨读、微班会、书香阅读等，另一方面升级特色课程，如升旗课程、拓展课程、家政课程等。同时积极开发主题课程，从关于疫情、关于生命、关于家国等方面，选出生命、家、环境、春天、时间、共同体六个主题，丰富学生的学习内容和情感体验。

在这段时间里，我们将当下的每一秒呼吸融入大环境，随着疫情的起起伏伏去体验生命的渺小与伟大，家的情暖与宽广，环境的多变与规律，春天的细节与期冀，时间的符号与功能，以及共同体的链接与合作。"为生命找价值、为生存寻契机、为生活做练习"成了主题课程宽泛的目标。

"生命"主题

这场疫情无疑是对生命的掠夺与考验，在不同年龄、职业、民族、信仰群体中，生命的话题都被无限放大，登上了时代的教科书，让我们不得不重新去关注生命状态、生命对话、生命链接和生命光点，去审视与理解生命的意义。"生命"主题围绕植物、动物、人类、微生物几个群体，让学生从了解、分析、对话、创思、反悟几个层面展开学习，从而达到对生命的完整认识，让学生学会尊重个性，深刻体悟生命的意义，培养对生命的敬畏之心等。

"家"主题

家是最小国，国是千万家。在这场突如其来的疫情中，小家是避风的港湾，大国是抗疫的堡垒。"家"这个概念，被无限放大，特殊时期的重新定义和理解会有深刻的意义。第二周"家"主题课程，在进一步的梳理中分为三个学段，分别以"家庭""家族""家国"为主题来侧重展开。每个小主题下设六项活动供选择。三个学段既有相同的部分，如"幸福港湾"活动，又有各自的特色，如说文解字"家"、漫话家常、小家大国等活动。

"环境"主题

"环境"是一个大话题，身处举国战"疫"的特殊时期，教师、学生、家长一起学习这个主题意义更显重大。我们努力让孩子在不确定的疫情中努力做好确定的自己，只有睁开双眼环顾世界，才能张开双臂拥抱未来。"环境"主题课程从低段自然环境、中段社会环境、高段人文环境三个层次，各设置了六个子主题，共十八个小项目。秉持"少而精、小而美"的

○ 珍贵的存在：一张宁静而温暖的书桌 ●

课程原则，让学生去参与、去体验。"环境"主题课程的实施是否能为当下居家学习的儿童拓宽通往幸福开学的跑道？儿童能走得自由而规范、快捷而有效吗？我们既是这些问题的提出者，也是解答者。

"春天"主题

"沾衣欲湿杏花雨，吹面不寒杨柳风"，柳枝上冒出了丝丝嫩芽，一树一树的花开了，还有叽叽喳喳的鸟叫声，春天真的来了！我们从未像今天这样强烈期盼春天的到来，不仅是季节的转换，更是将渴盼疫情过去的愿望寄托在这个季节里。在这个特殊的时期，以"春天"为主题的课程，带给孩子们的除了欣喜，还有盼望。孟春、仲春、暮春组成了充满希望的春天，立春、雨水、惊蛰、春分、清明、谷雨6个节气的不同特点将春天的细节展露无遗。年年与春识，今年却不同。

"时间"主题

在这个加长版的假期里，时间成为最凸显的标志。在我们的生活中，作为符号的时间扮演着定格规律的角色，我们也赋予它各种意义。常因遗憾而感慨时间无痕地流逝，却极少关注它的功能。在第五周的主题中，我们选择时间作为探索对象，从广度、长度、深度去衡量。通过"以时间记录时间、以生命记录时间"的方式让学生多角度地了解时间符号及其功能。

"共同体"主题

"共同体"这个词，最早是18世纪由卢梭提出的，其可解释为一个和"交流"紧密联系的概念。后来，"人类命运共同体"的构建体现出高度与视野。在教育领域，家校共同体、学习共同体、生命共同体等也在表达着"在一起"的概念。对学生而言，生活共同体、家园共同体、校园共同体则聚焦细微处的"链接"与"同在"。爱的归一、身的归属、情的告白，我的集体、我的烦恼、我的行动等都成为共同体的话题。

生活即学习，社会即课堂。主题课程不以学科知识为主要目标，内容更加生活化、儿童化、时代化。在课程的设计中，以孩子的年龄特点和认知水平来拉开学段的梯度，不仅从横向的广度上去发散思维，还要在纵向的深度中去做分层。在同一主题下，我们为六个年级设计不同跨度、梯度的子主题，通过多种形式、路径来实现教学目标。我们希望孩子们在云课堂上收获的不仅是知识，还有别样的生命、生活、生存、生态的体验和领悟。在生活中做生命练习，在可以静思的时光里默想与经历。

在"变"中求"不变"

　　新型冠状病毒肺炎疫情的暴发，让庚子年变了颜色。形势严峻，举国共抗。在教育部相关精神的指导下，各省教育厅相继发布了"停课不停学"的延期开学通知。对教育人而言，这不仅是一次巨大的挑战和成长的契机，更是考验我们社会责任与教育责任的关键时刻。艾瑞德2000名师生的生命安全与学习成长，成为我们的第一责任和使命。面对外部环境的不断变化，我们积极维护原本的"不变"，保持学习，坚持读书，快乐生活，积极运动，合理饮食，规律作息。

关于反应

　　因为爱着学校，想着孩子，做着教育，故而，敏感度、思考力、行动力都要更快些。校长李建华身在南京，却时刻将心的"长焦望远镜"对准郑州，时刻关注变化，及时铺排工作，在河南省教育厅发布延期开学通知前就成立了艾瑞德防疫与课程设计办公室，全面开展工作。

　　李建华校长强调：防疫工作与课程学习不可分离，离开生活情境的学习是不真实的。将疫情与学习结合起来，才是真的学习体验。小学部、幼儿园、行政后勤部，围绕核心思路迅速行动，分别设立专项小组，如每日防疫组、课程设计组、家校互动组、技术攻关组，热火朝天地提前进入工作状态。与之前不同的是工作方式的变化，老师们的手机每天24小时在线，并通过网络视频会议的方式研讨、沟通、汇报相关工作。

大家有时会开玩笑地说，我们都成了网红主播。的确，这一时期的工作具有新、繁、杂、急等几个特点，需要多沟通、多研讨、多汇报，才能在"变"中保持稳定的"不变"。快速反应与立刻行动，保证了原定2月10日开学的计划能在网络上如期进行。

关于课程

基于全民防疫"少出门、戴口罩、勤洗手"的要求，针对孩子和家长闭门不出的生活现状，过年期间，学校设计并推送了科学小实验、心理小游戏、在家做体测、阅读书单、美术作品征集等一系列有趣味、有意义的小活动，将孩子们从电子产品中拉出来，和父母一起做些有益有趣的事情，丰富生活，提高素养。

早在寒假开始前，教学中心就牵头各学科设计了"六鼠闹新春"的假期实践作业。六个年级既有共性又有个性，内容涉及动手操作、资料收集、沟通互动、思维拓展等。

这些措施很大程度上满足了学生的假期生活，而每一个有趣味的活动背后都体现了老师们用心的设计。

在即将推出的线上课程设计中，我们秉持年级共性化、生活实践化、项目研究化、知识延展化原则，打破了课本常规的进度、单班授课的方式、学科界限的固化，而进行了统筹设计。从课程角度设计了语文、数学、英语、科学、音乐、美术、书法7门年级个性课程，以及家政课程、阅读课程、家长课程3门全校共性课程。此外，我们还希望能坚持一些曾经的"不变"，如晨检加晨读、三分钟演讲、课间操、眼保健操，以保证有效调节与合理搭配。

在这些课程的内容设计上，我们并不是以知识性的内容学习为主，而是立意学科素养与当下环境相结合。如语文学科，我们从大语文角度设计了"探秘百家姓""漫话唐诗""绘读故事""走进名篇""品读名著""趣谈名人"六个年级的六个主题课程。在这些课程中，我们会和沈从文、朱自清、马克·吐温等作家做朋友，还会走进《繁星》《天窗》等一些名篇，指导学生赏析。在唐诗里玩飞花令，在百家姓中解密家族故事。

数学学科设计了"我是疫情观察员""一个会长大的洞""美在身边""盒子的秘密"等一些有意思的数学主题。此外，书法学科的软笔和硬笔书法、英语学科的绘本故事和英文律动、科学学科的实验、美术学科的创想绘画等，也在蓄势待发。这些内容会通过 10 到 15 分钟的直播或者录播的方式跟孩子们见面，班级老师也会在钉钉群里做辅导与互动。

关于学习

从校园真实环境的学习到网络虚拟课程的学习，是学习方式的变革。对孩子们来说也面临着很大挑战，他们独立学习的能力、自我监督的能力、积极思考与互动的能力、接受新事物的能力等都会受到考验。

为此，我们先从孩子们的心理辅导入手，以班级工作组为单位，四位老师分工到人，定人定点关注辅导孩子们，并将作息时间表、课程表、评价表等表格的指导建议发送，由孩子们自己设计适合自己的学习计划表。在整个学习过程中，老师们也会在群里积极互动、辅导、鼓励，和孩子们一起尝试用新的学习方式开展学习。

关于技术

当我们面对这些变化的时候，教育与技术相遇了，"教育技术"这个名词来到了我们的视野。李政涛博士在《教育与永恒》一书中谈到，教育技术，本质上是对人的可能性的一种挖掘与召唤。最好的教育技术，不是限定人、束缚人，而是向人的生命成长开放技术，在技术的运用中唤醒生命的活力，张扬生命的个性。

此次线上课程我们主要依靠钉钉平台来完成。钉钉是我们的老朋友了，是学校主要的管理工具，两年多的磨合，让我们感受到了技术带来的便捷，也改变了我们的很多思维模式。此外，我们积极用开放的胸怀，欢迎老师们自己设计与选择一些适用的软件来完成这个统一命题。我们已经在老师们的朋友圈里看到很多新的尝试。

这一场疫情将催生出用技术去推动教育、让教育主动拥抱技术的变革。这让新的学习方式在一场我们并不希望到来的疫情中成了一种可能。

关于老师

在这场整体的突围中，我们不仅瞄准学生学习方式的变革，也非常重视老师们教授方式的迭代。达成统一思想后，学校将所有的权力下放给老师们，不设边界、不提条件，让每一位老师轻装上阵，大展拳脚。

当一种新事物到来的时候，每个人都要学习，学习的态度最为关键。数学学科张玉峰老师成了第一个吃螃蟹的人，他拿自己做实验，为大家提供范本；英语学科王冰老师为了录好一个 15 分钟的微课，竟然录制了 4 个小时；科学学科的宋梦婷老师在微信群发布了自己的课程预热小视频，引发了孩子们的好奇心。尽管足不出户，却百花竞放，老师们这一份热情与肯干精神，注定会呈现出不一样的精彩。

这一场由疫情带来的教育技术的革新，一方面会推动学校信息化的进程，影响教师思想和教授方式的变革，另一方面也会引导学生在学习方式、方法上有所改变。所以，让我们怀着改变和创新的心态来积极参与这一次变革吧。

学习合作

因一个课题的机缘，结识了一群新的伙伴。在四个多月的时间里，我们为了相同的目标，迅速地凝聚在一起。研讨、碰撞、打磨、过关，一种新型的工作模式进入我的视线。

每个人都带着过往的经验和学习的新知赶来交流。在相关主持人的引导下，我们围绕问题陷入某种深层次的思考和交流。这样的合作既有个人的深度学习，也有彼此间的相互点燃和启发。

在这个过程中，我听到最多的句式是："我受到的启发是……从而想到了……"这个句式真的太神奇了，学习与学习之间一定是启发和被启发的关系。

由于课题到了最后的攻坚阶段，难度系数和任务量倒逼着所有人寻求突破性的方式来完成任务。受到课题组其他成员工作方式的启发，我也决定组建团队一起攻坚克难。

选人不是一件容易的事，老师们平日工作忙碌，而这些工作则需要占用她们额外的时间来完成。所以，住得近就成了选择中最重要的考量因素。我尝试着与几位伙伴电话沟通，结果如我所愿，庆幸之余也感动不已。

此后的几天，和几位伙伴日日夜夜黏在一起。我来不及给她们描绘愿景，但没有人畏难退却，我们只是一味地埋头工作，不问黑夜与白天，一门心思只想着如何破题，如何保质保量地完成任务。

一间偌大的会议室，一张椭圆形的会议桌，几把塑料椅子和一张沙发，支撑起了既相对封闭又热气腾腾的工作现场。

没有经过前期的思想共识与培训学习，直接上手操作，或许会有诸多不合理和不合适，但迫在眉睫，也只能硬着头皮向前推。

在这场意料之外的合作之前，我也曾因为结果的不确定而忐忑不安。好在，没有时间去庸人自扰！马上开工是唯一的选择。

开工前陈述思路，过程中讨论方法，完成后审核修改，就这样，一个又一个小项目完成了。每完成一个，大家都兴奋得像个孩子。凌晨24：00的钟声像闹钟一般，只有在这个时候，我们才意识到，今天的工作该结束了。

吃饭成了工作过程中的气氛调节器，每当遇到困难，想不到好办法时，我就用吃饭来当借口叫停。吃饱了人的思路才灵活，所以，自娱自乐、嘻嘻哈哈始终伴随着整个工作过程。

在我拿着稿子递交审核的那一天，她们比我还要紧张，迟迟不愿下班回家，抱着电脑等待修改意见。

看着大家夜不能寐，有家不能回时，我也有些不好意思，而她们的反馈却给了我极大的安心。大家说："从没有想过这么多人在一起工作，效率还能这么高，这么有成就感。"

单兵作战是我们工作的常态，即便有合作项目时也是分工而后各自做，用自己的小项目来支撑大课题的完成，很少会黏在一起。

我想，这应该是合作学习的真实样态。在课堂上，无论是自学、对学、组学还是合作学、交流学、展示学，不可否认的是都需要在同一个公共空间内完成。那么达成什么样的学习关系，确定什么样的学习目标，选择什么样的学习方式，构建什么样的学习文化，都需要培养和建立。

如果要问，在此过程中，组建者应该扮演什么样的角色？我想答案并不会完全统一。不过有一条是非常重要的，那就是愿意选择合作。

○ 珍贵的存在：一张宁静而温暖的书桌 ●

想着你，你知道

今天是个吉利的日子，宜考试。

6：40，"小学部办公室群"就收到了杨海威主任、孙中凯老师发来的试卷领取小组的汇报信息。

7：25，教学楼的会议室传来了唰唰的分发卷子声。走进去，你会被眼前的画面吸引住，一个个大腹便便的利索身影，像小朋友学数数一样认认真真。这个模样，真可爱。

7：40，第一场考务会准时开始。赵静主任"稳坐钓鱼台"指挥安排。薛静娴主任来回巡视，解决突发状况，每个脚步都是匆匆的。

每到期末，小学部的整体节奏要比平时快上一倍，仿佛连呼吸都是将空气两口并作一口吸。期末考试是每学期最重要的常规工作，李建华校长也尤为重视，每场考前会议必到场。每个环节都不容马虎。还记得最早审核低段试卷时，一位幼儿园的老师偶然遇见，惊叹道："原来卷子都是这样诞生的。"是的，不敢马虎。此外，缺少监考人员，需要各部门的支援。铃声调整、考场布置、监考安排、时间编排、早晚餐、校车、分时段照看学生等一系列的事情，都是考试带来的附加项，需要周全完善。

事项多了，需要沟通的事情也更多了。考前，我把电话拨给陈晓红主任，想请她和辅导员支援监考，电话那头传来的是："想到你们可能需要人，我这边都准备好了。"是的，想着你，你知道。

除了监考组，还有领取试卷组、装订组、广播组、发令组、巡视组。

这两年，随着怀孕老师人数的增多，美术组之前承担的装订任务，转移到了孕妇组手中。考务会时，看到大屏幕上出示的装订组名单，孕妇组的老师掌声最响，是那种心有灵犀的感觉。结束后，一位老师走到我们身边说："猜到你们会把我安排在装订组。"是的，想着你，你知道。

孙中凯是小学部技术总监，对于这样的人才，我们很少会把体力活儿交给他。早上见面后，他说："每到收卷子的时候，我会去会议室帮着装订试卷，那个大订书机，她们用起来费劲。"这也是我看到他时想说的话，我们不谋而合。是的，想着你，你知道。

李莉娟是一位体育老师，内敛，不善言谈。这次分到广播组，对她来说是个意外。当我和她沟通这个任务时，她说："好的，我知道。我想过了，办公室这项工作，我最适合。"广播员需要稳坐，不能离开，要守时守点。交给她再合适不过了。是的，想着你，你也知道。

这两天遇到了太多"想着你，你知道"。这是工作中的默契，更是彼此眼中有人、有事的最好体现。这样的感觉，不仅降低了沟通成本，也带来了内心不言而喻的喜悦，是时时刻刻的小惊喜，就如燥热的午后一股凉风带来一刻的舒适惬意。我正好需要，你刚好想到。我想，继续扩大视野，将更多的人和事装进来，就会有更多的"想着你，你知道"。

感谢你，因为你知道。

　　　　　　　○　珍贵的存在：一张宁静而温暖的书桌　●

注解 2020，我们一起乘风破浪

欣然接受一个开始，努力翻过一座山，勇敢跨过一座桥，挥手告别一程路，蓦然回首一段时光。默默想想：挺好的！

学期的周期性，让老师们可以歇歇脚、喘喘气、回回神、理理事、吐吐槽、说说情、蓄蓄能，一个学期的马不停蹄，让猛然间的暂停，成了可以追忆时光的清凉时刻。

这个特殊的学期，有太多的感慨与注解。不平凡的年份，让我们史无前例地期待平凡。回到教室上课，成了心心念念的期盼；与老师的拥抱，成了梦里想念的温暖；无拘无束的活动，成了每时每刻的奢望；接受、改变、创造，成了共同学习的节奏。

又一次站在时间的节点上，聆听老师们的述职，感受他们的成长变化，分享攻坚克难背后的喜悦，不再眼眶湿润，不再内心澎湃，不再欢欣鼓舞，而是感到无比的坚实与肯定，发出由衷的赞叹。

这次述职，每位老师 8 分钟，以脱稿讲演和 PPT 展示的形式，从教学能力、团队贡献、教育故事、数据说明等几个方面展开分享，他们技术娴熟，分享的内容精彩纷呈。

波澜壮阔的浪潮里，我们乘风破浪

疫情迫使我们网络学习，师生变成了网友，网课、网评、云班会、云升旗、云运动、云阅读等一系列新方式，在老师们的创造中，生发出无限可能。敢接、敢想、敢做的勇气，让网络学习乘风破浪，直挂云帆。

而复学催生着教研结构、课堂模式、学习节奏的迅速转变。按部就班已经无法满足现状。分层教学、个别辅导、花式评价、勇气挑战、碎片组合、游戏逆袭等多样化的手段成为老师们新的技能。积极求变、变中求稳、稳中求进，乘风破浪济沧海。

每个生长周期都有其特定的生长内容与发展标志。不惧任何外力因素，竭尽全力地保证生长环境，是我们儿童立场的具体体现。十岁成长礼，六年级毕业典礼，以及一年级露过一次营、二年级穿过一条谷、五年级蹚过一条河、六年级翻过一座山，这都是本学期的既定活动，受到疫情影响，当时一再推迟。为了尽力弥补，在考试结束后一周里，我们乘风破浪，力挽狂澜。

气象万千的时代里，我们日日精进

今天的中国已不是百年前的中国，今天的世界也不是百年前的世界。在抗击疫情的战斗中，中国所表现出的大国风范，让我们感受到了新时代的气象万千。

即便在这样的时代里，我们也不敢贪功偷懒，坚持读书、坚持练字、坚持打卡，用每一日的精进，练就不可替代的能力。

在今天的述职中，我无数次听到了老师们的坚持与精进。李旗老师记单词打卡坚持了 984 天，刘丽丽老师坚持钢笔字练习 380 天，贾丽君老师本学期读书 9 本……他们的努力会让走过的路自带香气。网课期间，蔺老师张弛有度，假期里没有布置任何作业，而在 1 月 29 日早于学校开始数学

○ 珍贵的存在：一张宁静而温暖的书桌 ●

网课，65 次预习单、117 次网评作业、90 次单线辅导都是明证。孔萌萌老师做起了"网红"，开启全校书法课，网评作业 1200 余份。岳娜老师、雪冰老师联手辅导的校歌课程，收到了 200 多份投稿。王萌萌老师在复学后的日子里，坚持小组合作，重点关注潜能生的学习，帮助一位同学完成了从不及格到 92 分的重大逆袭。刘丽丽老师更是用全身心的投入，赢得了孩子们别样的感谢。课堂这亩田，在老师们的日日精进中，百花齐放。

风月同天的岁月里，我们守望相助

雪崩来临的时候，没有一片雪花是无辜的。无论是大团队还是小团队，一直都是我们刻在心头的重要组织。在今天的述职中，令人欣慰的是：没有单独的个人，只有说不完的团队。

张姗姗老师兴奋地分享了自己和团队一起突破课题难关，拿到区级二等奖的喜悦。魏盼盼老师和她的团队在 OM 比赛中拿到了省级一等奖。孙培培老师满眼放光地历数着工作组和年级组带给她的幸福和温暖。

下午进行的备课组长述职，更是团队作战。分享年级备课组教学策略、学科活动、教研形式、成绩分析等，每一个班级的情况都烂熟于备课组长的心间。及时补位、力挽狂澜是他们的作风，他人需要时，守望相助是团队的使命。六年级语文备课组长王艳培说："不忘初心谈教研，听取欢声一片。"一年级数学教研组长贾路平说："从诗情画意，到 1234，是语文和数学的本质区别。"

从未被遗忘的辅导员老师，更像每个班级组的妈妈，从生活中给予老师和孩子们一样的爱与关怀，这让这群平均年龄 30 岁的老师感到幸福。守望相助过好小日子，大道至简过有境界的教育生活。

2020 年，注定不凡，风雨、波折、无奈、深刻，都会成为过去。我们用乘风破浪的士气、日日精进的态度、守望相助的力量为 2020 年做出了注解。

行走的印记

醒来热爱世界，醒来憧憬美好，醒来喜欢身边的一切。用边走边思考的态度行走，与不同的人为伴，与不同的风景为伴，观人、观事、观世界……

出　发

　　敲下"出发"两个字的时候，我的内心波涛涌动，兴奋之感与牵挂之意流淌着。这几年，我们有太多的出发。每次出发，都会彼此相送，用有力的挥手表达内心的祝福和期盼早归的愿望。

　　今晨，四年级 215 名师生开封古都研学出发！

　　6：30 的天空与黑夜无异，但在冥冥中有一丝新生的力量在勃发。校园里已是灯火通明，大屏幕上赫然写着："少年行走古都开封，品读历史梦回千年，预祝四年级师生研学顺利！"这样的场景，对每一个艾瑞德人都不陌生。大屏幕就是学校窗口，送别迎接、祝贺预告……它为校园营造了有温度、有故事的文化氛围。

　　孩子们背着双肩包，拉上行李箱，向前迈进的每一步都坚实有力。用眼睛观世界，用脚步丈量距离，用心体验成长的每一种可能。我们已无数次地验证，行在路上的成长速度有多快，空间有多大，可能有多么无限。

　　陪在一侧的老师们则是轻装上阵，没有多余的物品。貌似只有减轻自己的负担，才能尽最大可能关注孩子们。我与皇甫老师聊天："这是你第几次带孩子们研学？"他略带幽默地说："不好意思，我需要计算一下。"尽管是句玩笑话，却绝不是开玩笑。随着研学旅行逐渐课程化、体系化、常规化，除了寒暑假的研学外，学期中间的频次也不低。四年级的古都研学是常规化课程的延续，今年已是第三年。还清晰地记得那年送别第一次洛

○ 行走的印记　●

阳研学及迎接第二次西安研学归来的画面。送别时也是一早,迎接时的队伍要更壮大些,家长朋友们一手持条幅,一手捧鲜花,用这样的方式表达对老师的感谢,也用这样的感谢欢迎孩子的回归。一幕幕相拥的场景,不仅表达了别离的想念,更是对成长的祝贺。

这次研学除了四年级的师生,校医余素云大夫也随队出发。她穿着大夫标志性着装——白大褂,只是把平时穿的黑皮鞋换成了运动鞋。见到我时,她略带羞涩地说:"我这样的打扮不太协调,却是最方便的。"的确,随队研学,并不轻松,除了要照顾好孩子们,走路也是重要内容。看着她脸上的笑容,似乎比往常都要灿烂许多,真好!

举着相机来回拍照的行政办老师张耘图给我看他拍的照,说:"之前没用过专业相机,这是第一次。"看着他小心翼翼地摆弄着相机,真切地感受到了研学的魅力与成长的可能性。研学不仅是学科老师的权利,一起出发的六位辅导员与两位行政老师也一定能发挥很多作用。

每班三位老师、一名教官、一名领队,五人团队像一个手掌,他们共同的职责就是陪伴孩子,去经历成长的可能性。

本次研学总领队中心的杨海威主任前期做了大量的策划、沟通、协调与铺排工作。团长马竞主任非常细致,在她的带领下,除个别生病的孩子外,年级几乎没有掉队的孩子。她说:"这是年级的另一种相聚。"两位带队领导前期亲自踩点,尽了最大努力。

6:50的研学出发仪式也是不言而喻的必要项目。李建华校长、龚涛校助、金长主任、杜静主任不约而同出现在校园里。李建华校长亲切而有力的嘱托是孩子们出发前最希望听到的声音。当马竞主任从校长手中接过闪耀着瑞德精神的校旗时,就如接过了使命与祝福。真正的出发开始了!

当校园又恢复安静的时候,我们收回了停在半空的手臂,默默祝福215名师生圆满完成任务!我们会为每一次出发送行,也会为每一次迎接准备好掌声。

日月潭

——行走中国台湾

"我是一个小呀小苹果，怎么爱你都不嫌多……"动感的铃声叫醒了睡梦中的我，伸伸懒腰，揉揉睡眼，微笑着对自己说声早安，新的一天即将开始啦！

每一天我们都要在车上度过三个小时的时光，不过一点也不会觉得枯燥，因为可爱的吉米（音译）导游，会给我们介绍中国台湾的文化、风土人情、生活习惯等。他的语言诙谐幽默，总是把大家逗得捧腹大笑！

今天一上车，吉米就问大家："你们知道台湾的两大自然灾害吗？"同学们异口同声地回答："台风和地震。"吉米目瞪口呆地竖起大拇指，不过随即又开始叹气了："真可惜啊，大家已经来了好几天了，地震和台风还没出来迎接大家，真没有礼貌哦！"同学们有些不理解，开始埋怨吉米，这不是在诅咒大家嘛！吉米微微一笑，开始给大家普及台湾的地理知识："台湾处于环太平洋地震带上，所以地震频繁。对台湾当地居民而言，地震和台风就像他们的朋友一样，时不时地会来拜访，平均每周都会有两次四级以上的地震！"

正当大家听得入神的时候，我们的目的地到了——"九二一地震教育园区"。眼前的残垣断壁，深深地震撼了我们的心灵。站在这里有一种莫名的恐惧感，仿佛当时的情景就在眼前！这里原本是一所学校，在经历1999年7.6级大地震后，教室变成了片片废墟，操场被挤成了驼峰桥，拱起的地方有一人高，园内的路面呈倾斜状，还有很多条裂缝！为了纪念在这次地震中死难的同胞并提醒后人反省重视地震的预防和救灾措施，特将这里加固修建为"九二一地震教育园区"。在馆内，我们还观看了九二一地震模拟动画，亲身体验了地震的冲击感。走出博物馆，我们的心情依然久久不能平静，这让我又想起了吉米在谈到地震时那种轻松淡然的状态，从他的身上我看到了他的坚强和乐观！在灾难面前，人类是渺小的，我们只能通过自身的智慧降低灾难的程度，要牢记灾难，但不能永远活在灾难中！

第二站对孩子们而言是"最熟悉的陌生地"。在小学课本中有一篇课文叫《日月潭》，今天我们就要亲自走进日月潭，感受它碧绿的潭水和优美的风景！坐在游艇上，我们还不太能分辨哪是日潭，哪是月潭。听着船长的介绍，才知道了大概的方向。日月潭没有想象中那么大，但潭水碧绿、风景优美却真如书中所言。文中提到的光华岛，我们只是远观，没有登岛，但这已足够。人们常说，读万卷书，不如行万里路。亲自领略过日月潭的风光，才会对文章有更深的体会！

九族文化村是今天行程的最后一站，但这一站令我今生难忘。尽管这里的文化吸引了我，美景陶醉了我，当地人的热情感染了我，但是这都不能与自我的挑战相媲美。这里除了少数民族的文化，还有孩子们最爱的游乐设施。我一路跟随着孩子们的脚步奔跑着，陪伴着他们玩最爱的游戏，当然也成了他们的榜样和勇气的源泉。孩子们总是喜欢挑战高难度和最刺激的项目，可这些却是我非常惧怕的！老师的身份使我放下内心的恐惧，咬紧牙关，握紧拳头，想要给他们示范，陪伴在他们身边，好让他们安心。可是这真的不是易事，在玩"玛雅探险"的时候，我想要竭力控制自己，不要喊出声，但真的好难。我全程都不敢睁开眼睛，速度的冲击和倒挂的眩晕彻底打败了我，我拼命地大喊，紧紧地抓着手柄，用力地咬紧嘴唇，精神几近崩溃！好在刺激项目的时间不长，总算到了终点！我瘫坐在椅子上，孩子们都围了过来，当我想要竖起大拇指夸赞他们勇敢的时候，他们却紧紧地握着我的手说："老师您真棒，没想到您竟然敢玩这么刺激的项目！"顿时，我哭笑不得。我不服输地问："那你们小朋友都敢玩，我为什么不敢玩呢？""因为我们是男子汉呗！"他们带着自豪的笑容回答我！早知道你们这么勇敢，我又何必自虐呢？不过还是很高兴，因为我终于挑战了自己。对我而言，这是一件十分值得骄傲的事情，谢谢亲爱的孩子们哦！

　　老天爷真的很眷顾这群小朋友，在我们结束今天行程的时候送来了一场我们特别期待的大雨！这场大雨送来了凉爽，也让孩子们的热情又达到了一次高潮，大家在观雨的同时，也在讨论南方大雨的特点，即来得及时、雨量大、走得快。

科技馆

——行走厦门

早晨，一束阳光暖暖地照进房间，叫醒了睡梦中的我，给了我一个大大的拥抱。我伸伸懒腰，新的一天开始了。原来，被阳光叫醒的感觉如此美妙！毋庸置疑，今天天气一定特别好，我迫不及待地把这个好消息告诉孩子们，今天大家可以脱去棉衣轻装上阵了！

今天的第一站是厦门科技馆，赵老师专程前来与我们会合，给孩子们做心理辅导，并加油鼓劲。行程进入第三天，没有了第一天的期待和第二天的兴奋，孩子们想家的情绪开始蔓延！不过，厦门科技馆有足够的魅力吸引孩子们。此次厦门游学，除了郑州的导游、厦门的地陪，每一站都会有专业的讲解员为孩子们送上全面、细致、幽默的讲解！

厦门是海滨城市，台风就像厦门的老朋友一样会常来做客，今天在科技馆内，仿佛为尽地主之谊，特地安排孩子们体验一般，厦门刮起了 12 级台风！初次体验，孩子们兴奋不已，紧紧地把手拉在一起，一个挨一个站立，像铜墙铁壁一般，做好了战斗的准备。随着台风的到来，尖叫声此起彼伏，孩子们的头发在狂舞，身体在摇摆，就连肉嘟嘟的小脸也没能逃脱，似乎每一个细胞都在台风中跳跃。体验结束后，我随机进行了采访，让孩子们谈谈感受。

○ 珍贵的存在：一张宁静而温暖的书桌 ●

段博涵说："我感觉还可以，因为身边有好多可以依靠的同学，让我的害怕和紧张少了许多！"

宋尚晏说："我好紧张，心跳得好快，身体不听使唤，怎么也站不稳，头发被吹得乱七八糟，身体不受控的感觉真不好！"

赵宏灿说："风刚吹来的时候我好紧张，不知所措，渐渐地，我感受到了大家的力量，不那么害怕了！"

张昊坤说："我觉得一点都不可怕，只要能抓住物体，我们的力量是很强大的，一定没问题的！"

一千个读者就有一千个哈姆雷特，每个孩子面对台风的感受都会不同，没有好坏，只是不同！紧接着我们体验了和唐山地震相同级别的模拟地震，有纵向的和横向的，尽管只是模拟的，但对我们内心的冲击还是很大的。闭上眼睛，我们仿佛能看到房屋摇摇欲坠，道路和桥梁瞬间坍塌，大地在紧张和恐惧中被撕裂……一幕幕画面让我毛骨悚然！是的，这就是自然灾害，无法预知，无法拒绝，更无法逃脱。我们总是习惯于说自然灾害的无情，殊不知，孩子们却不这么认为。

杨景博说："大自然是我们的好朋友，既然是好朋友就不会伤害我们，我们要好好保护她！"

骆奕达说："人与自然要和谐相处，大自然给我们提供了赖以生存的环境，给予了我们所需要的一切，但是人类的贪婪，使得她不得不给我们一点颜色看看！"

程莞茹说："植物多的地方，总能让我心情愉悦，我喜欢大自然，她一点都不无情。"

师晨皓说："每到假期，我都和爸爸到大自然中去走走，呼吸一下新鲜空气，好舒服的！"

卢鹏宇说："我看到了水资源越来越少，好难过，我总会去提醒身边的人节约节约再节约！"

听着孩子们的一句句肺腑之言，我感慨良多，孩子的心，总是最纯真、最善良的。在学校里，我们会着重教给孩子们一些应急自救的方法，希望在自然灾害面前，渺小的他们能少一分危险。

走过这个沉重的主题馆，我们迅速调整频道，来到了 4D 电影院。《侏罗纪公园》常被孩子们挂在嘴边，今天我们有幸看到了科幻片《史前一万年》。坐在特制的座椅上，戴上眼镜，身临其境的感觉马上就来了。视觉的冲击，位置的转换，氛围的铺垫，让我们总是忘记自己是个局外人，总想伸手去摸一摸可爱的小恐龙或是努力去躲避飞来的石块，心跳也会随着剧情不断加速，用孩子们的话说："真是太刺激了！"走出影院，孩子们依然沉浸在剧情中，一边感叹科技的神奇，一边惋惜恐龙的灭绝。科技馆的魅力远不止这些，会舞剑的机器人、能把人罩住的泡泡机……都是孩子们十分喜欢的。

科技成就带给人们的便捷不言而喻，厚重的中国文化更是令我们痴迷。下午的目的地是同安孔庙，也为我们此次的游学添了浓墨重彩的一笔。明天是鼓浪屿之行，让我们共同期待！

醒　来

“我醒了。”

我用特别开心的语气跟身边的两位伙伴分享此刻的感受。那是一种吃饱饭、睡饱觉、身体轻松、心情欢畅的感觉，想去奔跑，想去高歌，想去做很多的事情。

“哦，你不是一直没睡吗？”旁边的小伙伴莫名其妙地看着我。

“不，不是睡醒了，是身体、心灵都醒了。”

是的，此刻，我确定自己醒来了。醒来热爱世界，醒来憧憬美好，醒来喜欢身边的一切。好像内心充满了力量，有点“宇宙无敌”的感觉。

或许是期末的忙碌，让自己进入了自动化模式，我将全部的精力都用在低头走路上了。就连出国带团，也是匆忙出发，什么也没带，被领队笑话是慌乱出逃。还好有两位靠谱的小伙伴打点妥帖。

我是一个喜欢用感官做记录的人，眼睛、鼻子、耳朵与心同频共振，才算是最有意义的行走。

提及日本，人虽未至，却也知之不少。日本是中国隔海相望、一衣带水的邻邦；北京与东京有一个小时时差；日本与中国同属汉文化圈。不过，最为相像的还是两国人民体貌特征的相似。近些年，日本教育的发展，促使我们想要走进去看一看。

从中国徐州直飞日本，只有两个半小时的路程，近得让我们有点不敢相信。飞机落地日本关西国际机场，窗外是淅淅沥沥的雨水，机场内冷气十足，安静极了。或许是在异国他乡，让我觉得有些清冷。孩子们身着绿色T恤，一条线般整齐走着，博得众人注目。看着眼前入境的长龙队伍，领队有些无奈地说，估计要排一个半小时的队。一位身着橙色马夹的工作人员来到我们面前，示意我们跟她走，一条绿色通道出现在眼前。顿时，我们的心里暖意升腾。第一好感，有了。

　　机场内的指示牌上有不少汉字，无须语言沟通也可猜个大概。快速完成入境后，没想到行李箱已经整齐摆放在3号位，取走即可。等待孩子们去洗手间的时候，我又忍不住多看了两眼。雨天里，所有的行李箱都"穿"着雨衣在转盘上转动；进入提取位置后，工作人员会逐一取掉雨衣，摆放整齐等待乘客。

　　迎接我们的导游是中国香港人，亲切感十足。在他的指引下，我们很快在巴士上落座。司机是日本人，名叫山本，他的名字写在一上车就能看到的地方。巴士已经不能仅用"干净"来形容，木地板闪闪发亮，顶灯温和而多彩，坐在内，有一种莫名的安定感。孩子们或许是累了，没有人讲话。貌似他们都想好好去体验一下，感受不同。

　　晚餐精致，品种很多，分放讲究。日式榻榻米的环境，流程化的就餐方式，仪式感颇强。日本的饮食文化与中国差异较大，生冷居多，孩子们兴奋有余，习惯者甚少。

　　酒店离餐厅不远，据介绍是当地稍微老些的酒店。电梯间很小，每次只能容纳四人带着箱子乘坐。这里仍用钥匙开门，在我国已是少见。推开房门，里面还有一道门。里门口放着拖鞋，引导人们进门换鞋。推开第二道门，屋内环境展现在眼前：银灰色调，整洁有致。左右两侧，分别是衣帽间和化妆台，而正前方则是卫生间。这么小的空间里竟然能隔出这么多精致的分区，令人惊讶。拉开窗帘，后面居然还藏着一个阳台，的确惊喜不断。

　　日本是岛国，自然不缺水，即便是居民区，也被一个又一个的小塘串联着，增加了不少静谧感。一路行来，翠色欲滴的植被镶嵌在黑白灰的房屋里，三至五层不等的钢结构房子，很是稳重。据导游介绍，这里的房子连同土地都属于个人。尽管地震频繁，房屋却也长寿，可供一家几代人居住。

　　我们对日本环境已有初步印象，而对与我们外貌相同、语言不同的日本人却仍好奇颇多。

　　八点以后的街面已是冷清。

　　从睡梦中醒来，是身体的醒来。

　　从挫败中醒来，是意识的觉醒。

　　从恍然大悟中醒来，是思想的开悟。

夜半敲门的小男生

日本研学在路上。

这次和孙超、李斯伦两位可爱又成熟的班主任一同出发，我特别放心、安心。一路上，我似乎也变成了被照顾的对象，没有往昔带团的瞻前顾后，真的可以把心放在肚子里，好好感受走过的每一处的气息。

第一天晚上，可以用推门有惊喜来表达酒店的感觉。房间设计精细，各项分区合理，最令我惊喜的是竟然有锅灶。大家都知道，出国最大的难点是就餐，冷水冷饭成了一日三餐的主角。一旦饮食不当，孩子们就容易生病。能喝上热水就能缓解很多不适。所以，出门在外，热水胜过许多良药。与国内的电磁炉不同，这里可以一起烧两壶水，真是太棒了。我研究了一下使用方法，很快孩子们就可以喝上热水了。穿梭在楼道里给孩子们送水，他们貌似也很兴奋。看着每个孩子喝了一杯热水，我们也可以安心睡觉了。

睡之前，与孩子们约定，如果晚上有事就去敲老师的房间门。带着一群8至11岁的孩子一起住宿，晚上的挑战是最大的，半睡半醒是常态。

果真，11点，门真的被敲响了。小Z站在门外，说是肚子疼。让他进来询问完情况，我一边给他烧水喝，一边给他揉肚子，他一会儿就好了。我还有点沾沾自喜，觉得自己可以当大夫了。迷迷糊糊中，不知过了多久，

○ 珍贵的存在：一张宁静而温暖的书桌 ●

门又被敲响了。还是他，依然是肚子疼。我有点犯难了，这可怎么办呢？看着小小的他站在我面前，不知道在这异国他乡，还有什么好办法。那就老程序再来一遍吧。就这样，一夜安然。

行走的课堂是处理各种问题的过程。一路研学，一路成长。有时看到的、听到的或许看似与成长本身没有关系。每个孩子都在用不同的方式与自然、事件对话，能够不断地学会表达自己、学着处理问题，也是很大的进步。

走在末尾

研学，是用脚步丈量行走的路径，一路观景，时时遇人。几天的时间里，从大阪至奈良，再到忍野，而后到京都，3位老师、1位领队、1位导游和17名同学穿过日本的大街小巷，行至各类具有代表性的景点，游览风景名胜，领略文化气息。随着脚步的深入，我们对这个国度的印象也逐渐清晰。

因为不是第一次出发，虽缺少了应有的兴奋，但更多了一些观察，多了一丝了解，多了一份感受，多了一些思考。途中也让同行的伙伴们形成了固定印象：累了就找刘老师，不想玩时找刘老师，不高兴了找刘老师……能够在团队中扮演这样的角色，我也乐在其中。

一旦出发，我就自然而然地成了最后一名。这是我后来觉察到的。没有刻意分工，好像最后一个就是我该站的位置。是的，我也喜欢这个位置，不用去把握行走的方向，跟队而行，也可以有些随性空间。

几天的行走，我身边的伙伴也在不停发生着变化。开始时，留在我身边的两个小男孩，属于拖拖拉拉型的，总是走不动或者掉东西。我就像放牛郎一样，鼓励着、催促着，让他们比赛着去追赶大部队。后来，孩子们之间渐渐熟络了，互动与对话多了起来，"摩擦"这个副产品也跟着出现了。这个生气，那个难过，一旦有了情绪，就会自暴自弃，逐渐成为末尾队员。

○ 珍贵的存在：一张宁静而温暖的书桌 ●

这时候，"尾巴"的氛围也变得阴郁。在环球影城排队坐鲨鱼船时，几个孩子玩起了手指游戏，人多拥挤，又互相碰撞，把小文的手机碰掉了，屏幕受损。小文很伤心，眼泪吧嗒吧嗒往下掉，一个下午都闷闷不乐，嘟着小嘴，抬不起脚步。我嬉皮笑脸欢迎她来队尾，因为环境受限，无法静心安慰她，我就拉着她的手，在游乐场里疯跑。开始她不太乐意，后来也真的被带动，逐渐开心起来。我也趁势告诉她，当有些事情没有办法改变时，就放下包袱，先让自己开心吧。她眼睛亮亮地笑了起来，心情也从雷雨转晴。再后来，我的末尾队变成了医疗队，身体不舒服的同学成了我的队友。照顾他们，我还是有经验的。此外，捡拾东西、等人、找人成了队尾的常规工作。本来是为了图清闲，没想到变得如此忙碌。

以前我凡事都喜欢走在前面，很少会去顾及末尾的事情。这一路走来，感受颇深，每个位置都有它的不可或缺性。就如工作和生活一样，总以为自己是最重要的那个，对他人少了敬畏。五根手指不一样长，却能各司其职。周围的人与环境也同样如此，在我们看不见的地方，依然有非常重要的他人。只有经历，才能懂得。我发现了越来越多的默默努力，感受到了越来越多的彼此不同。我瞪大眼睛，用心感受，知道无论是先锋官、中流砥柱还是默默守尾的人，都同样重要。

来到末尾的人，同样值得关注，没有人喜欢成为尾巴，或许是各种各样的原因，导致其成了末尾。只要我们既有成为引领者的魄力，又有等得起末尾的耐心，就一定能和遇见的每一个孩子有一个精彩的故事，这也是教育的力量。成为一个等得起的人，也同样了不起。

尊重不同

行一路风景，体一番风味，觉一阵美好，感一程收获。

一个双肩包、一双运动鞋、一本摸起来有质感的书籍，是行走的姿态。看景、读人、遇事，是行走的内容。如果还需要一种态度，那就是安静吧。

这次随行我带了一本写董卿的书，书名为《董卿：做一个有才情的女子》。坦白说，我并不喜欢这个书名，目的性太强，又过于刻意、世俗。不过，我喜欢董卿。喜欢她，是因为她的故事。董卿在书中有言，你的气质里藏着走过的路和阅过的人。或许，经历才是最好的成长方式。

这次同行的两位老师做事极为妥帖。斯伦，一个有朝气、有吸引力的优秀班主任，在团队中号召力极强，通常在前领队。孙超，一位成熟的班主任，心细如发，反应极快。一旦集合，总是能快速点清人数，了解孩子动向。随行的领队经验丰富，路程安排十分顺利。这样的配置足够让我安心，偷懒的心理也随之出现。可以好好地看景、读人、遇事了。

有了这样的心念，处处留心已无须刻意。一路走来，我都带着好奇，想要看看到底人和人之间有何不同。

在街道上行走，需要格外留心。人行道紧贴路边的房屋，两人并排，就会影响自行车的通行，故而沿一条线行走显得非常适合。每天大量的时间在走路，一支22人的队伍在路上行进，一不小心就会挡道。路过的每个

○ 珍贵的存在：一张宁静而温暖的书桌 ●

人都选择了耐心等待或者友好示意。没有自行车铃的催促声，无论行至哪里都安静无比。

说到自行车，在日本随处可见不同年龄层的人骑着车子穿行。自行车的轮子比国内要大上一圈，车座很低，车把很大，每个骑车的人看上去都蹬得十分卖力。

站在十字路口，看着川流不息的人群，我和伙伴打赌，来猜测经过身边的是日本人还是中国人。说来也奇怪，这真不是一个困难的事情，一猜一个准。从衣着上看，黑、白、灰是日本人的主色调，即便是清丽的女孩，也是极其淡雅。男士则是黑白两色正装搭配皮鞋，即便是盛夏，也有不少人穿着西装在街上行走。还有一个显著的标志是黑色双肩包。日本人对双肩包情有独钟，无论是学生还是上班一族，即便是年龄稍大些的爷爷、奶奶们也是双肩包在身。如果认真去和他们的目光对视，能看出他们的严肃感，行走的姿势也显示向内者居多。在他们的身上能感受到随时准备出发的紧张感。

导游开玩笑地指着一片闹市说，扔过去一块砖头，砸到的可能 80% 是中国人。中国已经成为日本旅游业不可或缺的强大支撑。为了配合市场的需要，许多销售人员都能说简单的中文。与他们交流时，能明显感受到，他们会用点头和鞠躬来回应你，声调轻柔婉转，眼睛里写满笑意。

路途中，我们也偶遇两位脾气倔强的老头儿。一位是在东大寺虔诚祈祷的老人，他双手合十，紧闭双眼，嘴里不断念叨着什么。有人和他并排站在一起隔着木栅栏远望寺里的神像，他一下子就特别生气，对着周围的人一阵驱赶。另一位是在便利店里遇到的，与之前的老人非常相似。他因为排队问题非常生气，虽然听不懂他说的是什么，明显能感受到他很烦躁。还好店员机智，把他哄得开开心心地离开了。

来到一个国家，除了通过别人介绍来了解外，自己的亲身体验也是必要的。日本人身上似乎有一种永不停息的奋斗感，也有一种随时准备着的紧迫感。我开玩笑说，生活在这里会有压力。导游笑谈，这就是国家文化，从小浸润，就不觉得压抑。他还补充说，这里的孩子很听话，从小父母就教育他们要听老师的话，孩子一旦犯错误，家长会立刻到学校主动道歉，这是社会共识。

　　每个民族都有自己独特的文化氛围，一方水土养一方人，每个不同，都值得尊重。前因与后果总是搭配着出现，偶尔有些偏差，客观地看待，会让自己多一份接纳与包容。

聆听一所学校的安静

——访问韦斯特伯恩小学

　　来到英国伦敦的第一个早上，是从凌晨醒来的。睡到了自然醒，没有惺忪的睡眼，没有不想起床的困意。这正是北京时间的 8 点，我们该起床的时刻。

　　拉开窗帘，玻璃窗外有一条黑黑的小河，这种黑是我透过车窗见过的伦敦海的颜色。这也让我想到了克莱儿·麦克福尔的小说《摆渡人》中那条翻滚着乌黑波纹的渡河，或许这就是英国人眼中海的颜色。

　　今天上午的行程我们期待已久——访问韦斯特伯恩小学。这所学校是我们缔结的友好学校，此时真的有种"漂洋过海来看你"的感觉。这所小学是一所公立学校，比我想象的还要更小些，有点像家庭学校。如果没有标牌，行人或许就会觉得它只是一户人家。小小的栅栏门通向温暖的室内，窄窄的走道两侧布设着适合孩子拿取的各种物品，一个专门挂衣服的小空间极具人性化。室内的温度与我们暖气房里的温度差不多，每个教室都不大，却五脏俱全。这里给我的第一印象就是小小的，暖暖的。

　　今天正好赶上了他们的迎新年活动。一年级的小朋友展示了一段时间以来关于中国新年主题的学习成果。舞狮表演、中国武术的翻跟头、三角铁的音乐敲击等，孩子们用不同的方式出场，没有庄重的仪式感，每个孩子都是主角，备受瞩目。今天的观众是其他年级的大孩子和一年级孩子的家长。他们坐在一个小小的活动室里，安静而有序。

关于主题课程的学习，今天的收获还是非常大的。第一是主题学习的深度。孩子们呈现的内容多样，有属相、音乐、青花瓷、建筑、美食等。在用积木搭建中国的房子时，孩子们说，知道中国人口众多，所以中国的房子都是很多层的，这话逗乐了在场的人。第二是老师过程性的记录。孩子的学习一定是过程性的，结果也应该是过程性的表达。今天的展示中，除了有作品的呈现，还有音频，即孩子在当时的学习环境中对自己作业的解读，这一点让人非常震撼。第三是没有评判和对比的评价。孩子或是三五一组，或是轮流表达，全部在参与，有种各司其职的感觉。

展示环节大概进行了 40 分钟，活动室里始终都是静静的感觉，这种静不是没有人讲话，而是观众的交流声音很小，掌声也比想象中少，爸爸妈妈们始终用会心的微笑与鼓励的眼神看着孩子，静静地欣赏。这样的情感没有波澜，缓缓地流淌。30 个五六岁的孩子展示，没有一个老师站着指挥，只有一位老师坐在前面，拿拿话筒，发发道具，始终没有站起来一下。

大家一起讨论时都很感慨，觉得这里的孩子特别"静"、特别"定"、特别"稳"。从父母观看孩子展示时的状态和老师坐在那里有条不紊地服务就可以看出些端倪。

世界是你的，也是我的。在这分享与共享的时代，我们也发现了他们许多与我们的相同之处。伯恩小学的学生代表可以参与学校的管理，与我们的校长助理类似。办孩子喜欢的学校这一理念，也与我们惊人的相似。我们所在的纬度不同、文化不同、肤色不同、习惯不同，但在教育孩子的初心上是一致的，每个孩子都是珍贵的存在，每个孩子都是美丽的不同。

李建华校长代表学校讲话，表示欢迎小朋友们和家长们一起去中国的艾瑞德考察，还介绍了少林寺的武术以及中国的文化特色。在我们给学校送上礼物时，孩子们表露了兴奋与欣喜。绵长的情谊需要时时链接，我想这是一个开始，我们一定会搭建让孩子们链接的桥梁，一起交流、沟通。

○ 珍贵的存在：一张宁静而温暖的书桌 ●

触摸一所学校的姿态

——访问米尔希尔学校

一觉醒来已是伦敦的凌晨 4：30，我被自己吓了一大跳，因为这是几天以来醒得最晚的一次。莫不是已经开始适应伦敦的时间了，心中窃喜。

打开手机开始去关注心里所牵挂的信息。加拿大的研学团在进行汇报演出，即将结束两周的行程。南京的研学团走进了南京航空航天大学，不仅有参观，还体验了 3 个小时的航模课，真是"厉害了，我的孩子们"。3个行走在不同国家、不同纬度的团队，却因相同的名字而产生着不可分割的联系，真是令人兴奋的事情啊！

英国的行程进入第三天，对于这个国家我们不敢说已有了很多了解，只能说开始有那么一点点的感知了。行走在街头，进入视线的每个人都十分精致，每栋房子都显得那么有气质，随手触摸到的都可能是 300 多年的建筑。这里的整体氛围安静、优雅，也使我们的一路风尘得以沉淀。

问路，是我们所有人的难题。随行的王彦月园长英语颇好，担当了这个重任。在一旁静静观察的我佩服之余也感叹着英国人的友好与礼貌。

今天我们访问的是一所在英国声誉良好的学校。

这是一所建在半山腰的森林草坪式学校，占地面积 120 英亩（1 英亩相当于 6 亩）。学校有 300 多年的历史，是幼儿园到高中一贯制。学校的各个区域划分清晰且相对独立。环视四周，一栋栋英式风格的建筑气质独特，相互映衬，满眼都是绿色的草坪。

今天的接待中，学校很贴心地安排了该校中国留学生与我们同行。我想这在让我们感到亲切的同时，也给了学生锻炼的机会。第一位参与接待的女生来自成都，已在这个学校待了两年，她带我们参观了她的家庭式宿舍。宿舍配套设施很全。从她的讲解中听得出，她已经完全适应了在这里的学习生活。我们觉得学校的整体安排非常人性化，这里有休闲区，也有学习区。第二位参与接待的男孩来自深圳，他陪同我们一起参观了教学区。教学区墙壁上用鱼线挂着许多学生的作品及学校各个时期的关键人物。每间教室都形态各异，因学习的不同需要而设计。我们参观时，正在上课的老师们都会停下来介绍自己的课程，也给学生与我们交流的机会，真正体现了课堂的开放性以及与环境的链接性。一路走来，与男孩的攀谈，也让我对留学生有了不同认识。他讲述了自己的课余生活，如如何学习语言，如何交友，如何参加活动、安排生活时间等，我看出他很腼腆，也很努力。谈及上大学的问题时，他的回答让我很吃惊："现在只知道我要留在英国读大学，可具体上哪所大学，就要看我努力的程度了。我的语言起步晚，但我一直在努力。"努力一词在他的表达中使用了好几次。总以为孩子们出了国门学习就会相对轻松，可来到一个陌生的环境里，一切都不确定时，剩下的只有努力奋斗了。我由衷地为留学生们点赞。

参观小学时，得知我们来自中国，小朋友们一起唱起了中文版的《找朋友》。这一点让我们深感祖国的强大。

在交流中，李建华校长时刻不忘介绍我们的学校，他在为孩子们打开一条可以走出来的通道。

一上午的参观中，我深切地感受到这是一所处处为学生设计的学校。

○ 珍贵的存在：一张宁静而温暖的书桌 ●

倾慕一所学校的气质

——访问哈罗公学

英国人似乎有一种与生俱来的气质，这种气质是长在骨子里的气度与刻在脸上的精致。几天时间，我们一直住在同一家酒店。酒店的大堂不是很大，非常精致优雅。门厅的迎宾是一位头发泛白的先生，他高大威猛，身着英伦范儿的风衣，头戴红色礼帽，笑容可掬。一句简单的"你好"，礼貌而又透着自信。这个形象是英国人的缩影。说到人，听导游介绍，英国是一个阶级特别明显的国家，家庭背景与社会地位基本决定了孩子的一生。导游戏称，他们基本不会出现逆袭的可能。一个家族的强大，需要数代人的共同努力。

今天我们要走进的哈罗公学，是英国有名望的贵族学校。这里的贵族，绝非只以金钱来论定。哈罗公学的贵，贵在初心，贵在传承，贵在血统，贵在贡献，贵在气质。

哈罗公学源于一个农民想要给当地男童提供接受教育机会的初心。在维多利亚女王时期，学校得到了良好发展，经过400多年的坚持与演变，成为久负盛名的贵族学校。

行走在哈罗公学内，处处都可看到历史的印记。300多年历史的演讲厅内，可容纳1000人同坐，墙壁四周悬挂的是世界各地毕业于哈罗公学的有地位、有贡献、有名望的人。令我们惊讶的是，这里有 1000 多把不同年份的椅子，模样相同，沿用至今。每周一的早上，全校学生都会会聚至此，听校长讲话。坐在其间，莫名的仪式感油然而生。

历经几百年的发展，让哈罗公学闻名遐迩，慢慢地，这里就成了许多国家皇室成员和贵族名人固定的学校。如诗人拜伦、英国首相温斯顿·丘吉尔、伊斯兰学者马默杜克·皮克索尔、印度领导人尼赫鲁、考古学家阿瑟·伊文思、约旦国王侯赛因、伊拉克国王费萨尔二世等都毕业于哈罗公学。

哈罗公学的教堂里铭刻着 600 多位在战争中牺牲的哈罗学子，学校希望后来的学生都能铭记他们所做的贡献。这让我想到了在英国众多气质建筑中那幢格外刺眼的黑乎乎的大楼，据介绍，有 82 名英国人在那场火灾中丧生。为了铭记教训，英国人决定永久保留那座被大火洗礼过的大楼，以警示后人。对前人和历史的祭奠与传承也是一种文化的力量。

走在石板路上，我们笑谈要想办法让自己的孩子也来哈罗公学就读，但文化的差异与信仰的不同，让我们止于欣赏而却步。

哈罗的气质是英国的气质。学生的蓝色礼服与草帽也是一种传承的象征。现在的哈罗公学有 800 多名学生、200 多位老师。学生的装束一直从最初保留至今，校长的期末点名仪式、每周固定时间的祈祷等也传承了下来，看似简单的事情，延续至今就是文化的流淌。

哈罗公学，一所有气质的贵族学校。

台前幕后

——参加珠海教博会

　　今天是我们来到珠海的第五天，也是教博会的最后一天，深夜无眠，这几天的点滴经历像电影一般在脑海中演绎。

　　珠海是一座海滨城市，许是季节的缘故，这里没有湿热的感觉，与家里的雾霾天相比，这里像是天堂。

　　这次能够来参展，不是偶然而是必然，这必然缘于四年时间里田园课程团队的实践积累与成果提炼。14 册《田园课程实践丛书》为今天的参展赢得了入场券。感谢为此付出过的每一位老师，你们曾经走过的路已深深印在这套书中。

　　对于前期的筹备工作，杨海威主任已做了很多，从资料梳理到名片设计，从网上报名到会务对接，细致周全，不仅顺利通过审核，还争取到了两个主题沙龙，最大限度地为学校赢得了亮相的机会。

　　我们首次参加这样的盛会，无论是心里的画面感还是对于会场的判断和想象，都不够明晰，只能通过一些资料边做边摸索。两次小组筹备会，基本完成了参展前的准备，毛阳主任心细如发，连透明胶、签字笔这样的小物件都被她列进了物品清单。出门万事难，不能到用时才想起。这种未雨绸缪的精神，令人佩服。

在陌生的城市，还要携带大量的物资，交通是最令人头疼的。五人团队打车都需要两辆，每天两趟往返，着实让人难受。赵静主任凭借自己的个人能力和为团队着想的贴心，竟在珠海借到了一辆汽车，为我们的出行提供了方便。不得不感叹，你的好，全世界都会记得。

会展中心的布局与我们的想象差距很大。1400 项成果分布在六个展厅，每个成果两块展板，也是两面小墙，展位之小，可以想象。如果再位置不好，成果更会被忽略不计。我们展位被安排在靠近封闭门的位置，一条狭小的过道与一扇封闭的大门就是全部视野。面对此情此景，失望之感从头到脚向我们袭来。即便如此，我们也要好好准备。

我们戏称，教博会就像商场，客流如注，卖家如潮，熙熙攘攘中各取所需。作为卖方的我们要尽力推销，好在我们的成果相对新颖完善，感兴趣的嘉宾颇多。而各个团队彼此间的互相借鉴成了会场的主旋律。除了成果展示，我们还有主题沙龙，参加沙龙的嘉宾需要自己来招募。因之前就预见了这样的情况，海威主任在出发前已为两场沙龙做好了标签，粘贴在书签上，方便我们在介绍的时候进行推荐。这样一个细心的设计引得周围的参展方频频称赞。

许多参展方都是带着明确的推广目标来的，相比之下，我们的目的性就弱了许多。

除推广课程、结交盟友外，我们更多的还在于借助此次机会多多学习。团队中的"定海神针"张校长，重点负责学习。他把主题报告目录单紧紧握在手中，将自己想听的场次重点标注，一场接一场，只有闭馆的时候才会匆匆赶来与我们会合。我们感慨张校长的学习精神与学习能力，是我们比不了的。

我和毛阳是讲解员，需要守着我们的阵地，做好课程的讲解，传播好学校的文化。如此还不够，为了得到更多的支持，我们还需要主动去吸引重要嘉宾来了解我们的课程。得知教育部的吕司长上午会来参展，我们两

○ 珍贵的存在：一张宁静而温暖的书桌 ●

个提前做好了分工，主动迈步，大胆介绍，使我们的作品顺利成为区域中唯一一个受到司长关注的成果。有的时候，我们常常会看不上那些主动介绍自己的人，觉得对方肤浅做作，现在想来，所有的机会都要靠自己争取而来，坐等永远只能与机会擦肩而过。

这几天我们一直都在为主题沙龙聚集人气，还是很辛苦的。沙龙的时间安排在最后一天的下午，会场又在另一座楼上，加之我们没有邀请重量级的专家作为外援，又与高新区另一所公立学校的活动时间冲突，因此连区内的人员都很难争取到。担心观众过少的尴尬情绪萦绕在我们心间，这样的一种心理体验也是难得，就当是多了一种经历吧。晚上开小组会议，我们一起对两个沙龙的内容做了预演，又做了分工。借助别人的平台，磨自己的剑，多好啊！当心态好的时候，这个世界一定不会辜负你的心意。张校长的沙龙基本座无虚席。我是第二场，尽管人数少些，却也无尴尬，稳住状态、讲好故事，我做到了，会后还收到了观众的赞誉，一切都好。

每天晚上的小组会议成了约定俗成的项目。我们走出校门就是一个不可分割的团队，每个人都有其存在的价值。小组会议除了分享当天的收获、问题，讨论稿子的框架，筛选照片，为第二天的餐食、服装做好准备并确定注意事项外，毛阳主任也会对当日开销账目做公示。五个人就像一只手，长短不齐却有力紧握。

出差有一个最大的好处，就是彼此间有了好好说说话的机会，平时工作时大家各司其职，界限划分清晰，很少有能互相了解、彼此交流的场合。一起在会场吃泡面，一起熬夜办公，为了找家清真店多跑好多路，这样的经历是在校工作时没有的。

教博会是国际盛会，除了高大上的展示，还有台前幕后的辛勤付出，完美呈现的背后包裹着每个人的智慧与用心。感谢一路同行、彼此陪伴。

点燃一盏灯，营造半亩方塘

蒲公英教育智库举办的第六届中国教育创新年会在成都如火如荼地进行着。本届教育年会的主题为"重建生态———一锅石头汤"。来自全国各地的教育同人携带着高端教育"食材"，为这"一锅石头汤"增味添色，并用各自的教育赤诚与理想愿景为炉火加柴增温。

艾瑞德30位同人带着有温度的教育故事、教育实践和学生艺术作品在这场盛会中与一众朋友会聚。从他们启程的那一刻开始，出发的不仅是脚步，更是思维与文字。两天来，除了做好学校的常规工作外，我的多数时间都在阅读他们及时更新的文字。从文字中我不仅看到了大量信息与学习记录，还读到了思考与体悟，感受到了作为艾瑞德人的骄傲。李建华校长的18分钟主题演讲，会客厅的高朋满座，叽叽喳喳艺术展中老师、学生闪亮的名字，都让我们感受到了浓浓的参与感与坚定感。一个群体有时也是一个人。

单枪匹马地代表学校来山东潍坊参加"中国教育发展战略学会区域教育专业委员会2019年年会暨山东潍坊教育改革发展现场会"，我尽管孤身一人，却丝毫没有落寞感。刚刚迈出脚步，我就收到同事们接踵而来的关心、问候。

这次年会由中国教育发展战略学会区域教育专业委员会主办，山东省潍坊市教育局承办。会议聚焦"基础教育高质量发展"主题,深入探讨区域、学校如何推进新时代基础教育高质量发展,办人民满意的教育。同时也会现场考察山东潍坊教育改革发展情况,总结分享新时代区域(学校)教育高质量发展的鲜活经验。年会有主题报告、圆桌会议、学校参访几种组织形式,参会的主要群体为教育局局长、学校校长。艾瑞德国际学校作为理事单位之一,带着独有的教育基因与来自全国各地的学校碰撞教育智慧,探讨新的教育生态。年会首日,10 位教育专家、教育局局长、学校校长围绕"基础教育高质量发展"主题做了报告。

华东师范大学教授袁振国的"迎接高质量教育时代的到来"主题报告,带给我们很多思考。这是一个很大的命题,他将教育发展放到人类社会演变的历史长流中去思考,从石器时代、铁器时代、机器时代、网络时代一直讲到现在的人工智能时代。他说,社会学家预判的奇点临近了,2045 年人工智能或将全面超越人类。而新时代高质量教育应包含学业成效、学习投入、学习体验三个维度,他从课程、教学、评价、活动四个板块做了前瞻性的引导。他认为,课程的选择性,即让学生从小学会选择课程,这样长大才会选择人生。教学的核心问题是主动性学习,没有思维深度就不是主动学习。多元性评价可以让每个孩子的特点成为他的亮点。自主性活动,就是要鼓励每一个学生组织一个社团,不仅参加别人的社团,也要组织自己的社团。而老师要更善于组织具有互动性的"人"的教育活动,老师是"心灵教练",其工作更复杂,更富有艺术性,更富于情感。

他朴实的语言,娓娓道来的节奏方式,都引人深思,给我很多启发。关于国家基础课程校本化的重新组合,关于教学深度思维方式的推进,关于拓展课程的新定位与门类组合,关于学生社团的自发组织与过程维护,关于评价展示台的清晰定位与分类,关于教师学期座谈会的构思……我意识到,只要有思考,理想就有可能实现。

最好的学习,不是看到了什么,想到了什么,学会了什么,而是引发了新的思考，并且有了源源不断的思考动力，就像只点燃一盏灯，却营造半亩方塘一般。

为未知而学，为未来而教。在人工智能时代，多样性是世界的生命力。在新的教育生态中，学生的个性化发展是不变的主题，义务教育阶段应以满足学生个性化发展的需要为核心命题。慢慢行路，时时迭代，处处积累，常常回首，不忘初心，牢记时代使命，将教书育人升华至国家意志，我们使命非凡，道阻且长。

明亮的教育

　　有一群人，在奋力拨云见日，还有一些人，在努力点灯发光，让乌云之下的我们可以不那么害怕，有光可看路，有火可取暖。无论在任何境遇里，我们都要学着成为发光体，能照亮自己，温暖他人。

打磨一群人

　　每周行政例会，18 分钟的演讲成为经典栏目。按照抽签顺序，两位一组顺次进行。刚刚开始时，没有主题，随意分享。读书、电影、故事、成长经历、心路历程是大家会选择的热门话题，每个人都带着自己不同的经历赶来和这个时刻相遇。将厚实的生命经历浓缩为 18 分钟的感悟进行分享，交出内心最真实的坦诚。作为同行伙伴，我们总会擦亮眼睛，想好好认识同伴那些不曾知晓的过去。我们常常会泪流满面，也会拼命鼓掌，我们知道，每个动人瞬间都是生命里的精彩时刻。从这些分享中，我更加理解和认同"每位老师都是珍贵的存在"的意义。他们每一位都值得被看见、被尊重、被信任、被托举。

　　这个学期开始，在李建华校长的倡议下，我们的行政例会进入了第二个阶段：同一命题，自由发挥。这就像我们正在进行的"同课异构"教学研讨活动一样，在相同主题下，根据自己的认识与理解，来搭建框架、组织思路、丰富内容。刚开始大家都非常苦恼，一觉话题太难，不知从何下手，又在哪里落脚。二觉同台竞技，压力陡增。排在前面的伙伴，只能硬着头皮投石问路。几周下来，越来越有高手过招的感觉。节节攀升的精彩，让我们忍不住拍案叫绝，又默默自我加压。这样的心理感受就像锻造钢铁一般，每一锤的敲打都是为了更加有韧劲。只有经得住锤炼，才能变成有价值的存在。

慢慢地，我们从感性分享过渡到了理性思考。越来越多的理性沉淀让我们得以在高频对话中精进自我。每个人的分享都有可圈可点引发思考的内容和情理之中的意想不到，这些内容让整个会议室沸腾。越来越多的金句丰盈着分享的内容，越来越多的理性思考提升着分享的质量。我们依然会热泪盈眶，依旧会拼命鼓掌，但此时，更多的是达成共识时的兴奋与发现不同时的惊喜。

经过一年多的打磨，每个人都开始形成自己独特的风格，站在那里就如太阳那么亮，照得周围暖洋洋的。这一份亮是读进去的书、吃进去的材料和深刻觉醒的自我感悟。将自己慢慢打磨，磨出习惯，撑出格局，长出思维，发出光亮。

有的时候，我们也会互相打趣说，不仅分享含金量越来越高，连我们的耳朵也越来越挑剔了。内容框架的紧实、思路节奏的推进、语言表达的精准与留白空间的选择都是我们会去格外关注的角度。哲学家笛卡尔说，我思故我在。好的分享，不是告诉了我们什么，而是引发我们继续去深度思考。

大家常笑谈："内部分享就像在关公面前耍大刀，一不小心就会出丑了。"除了分享话题，大家还会带来自己制作的美食和外出带回的特产，在温暖的氛围里华山论剑。

分享之后的微分享往往会把会议推向高潮，这个时刻的相互表白真诚坦然，或许还有不吐不快的感觉。

用同一种方式打磨出一群可爱的人，让变化在眼前看得见、摸得着。这应该就叫作再生长吧。

摆　渡

时常幻想自己驾驶着一艘船，在时而平静时而波涛汹涌的海面上行驶，船内很是简朴与舒适，足够安放一个需要渡岸的灵魂。无论海面如何变幻，我都以一颗无所畏惧的心与直面困难的勇气取得胜利。在缥缈的海上，星星渔火般闪烁，是所有摆渡人的彼此告慰，成功摆渡就是那一刻的唯一使命。

写文至此，貌似有点小说中毒的意味。我是英国作家克莱儿·麦克福尔的作品《摆渡人》系列的忠实粉丝。书中对摆渡人的种种刻画，影响了许多人。每一个镌刻爱与善意的灵魂，都会成为我们生命中的摆渡人。

小说多为虚构，书中所要阐述的种种深意却是生活的写照与内在投射。人类是群居动物，个体必须在群体中才能生存。摆渡，是彼此看见、彼此互助、彼此裹挟的重要方式。

在工作与生活中，当你留心观察的时候，你会发现每个人的内心都撑着一艘船。这艘船因人的格局与视野的不同而规格有异。时时刻刻的自我精进，能让自己的船安全、温暖，有空间、有动力。在需要使用的时候，能成为重要的工具。

渡口是船的起航地，没有渡口，船只能选择漂泊。在准确的渡口接到人，是摆渡的关键。人与人心里的距离，决定着能否把握准确的时间和渡口。大千世界，每一次的相遇与回眸都是缘分使然，没有人会无缘无故地出现，正如我不会白白浪费生命于无端的事由。善于抓关键除了与敏感度相关，更重要的是我的眼中有你。与人为善，于事尽心。

怀着赤诚之意与向美之心的摆渡总能历经时间的曲折到达彼岸。一路的颠簸起伏像一块试金石，检验着爱与善良、能力与格局。共识的信念更像是一块压舱石，任风浪如何席卷，只要方向不错，都能等到太阳与彩虹。

在管理中摆渡一种可能

生命是一棵长满可能的树，而管理就是最大限度地激发这些可能性的落地。摆渡，是管理中彼此看见、彼此互助、彼此裹挟的重要方式。我先走向此岸的你，再与你一起去往我们共同的彼岸。摆渡是你我的走近，也是共同的发展。

摆渡了怎样的可能

说到"可能"，一个想法，一个愿景、一个转折、一次尝试……都是我们所珍视的可能。这些或许是因为相信而看见的可能，抑或是因为看见而相信的可能。过去，我们不断地摆渡着这些可能，并且实现了"从无到有、从一到多、从上到下"多维度的可能。

第一，"从无到有"的可能。2017 年，李建华校长来到了艾瑞德国际学校，从 8 月会议开始，更多可能的画面铺展开来。3 年来我们共同开启了"瑞德少年"的评选、新生家长课堂、一年级习惯课程、"六个一"主题活动等，将教育的美好愿望照进现实，落地有声，花开有果。

"瑞德少年"是学生校园学习生活的最高荣誉。其评价不以学习成绩为唯一标准，而关注的是学生的过程性进步和行为品质的呈现。一件好人好事、一项长久坚持、一次重要发现、一个标准鞠躬礼，都会成为获得"瑞德少年"称号的契机。艾瑞德不以同一把尺子测量所有学生，而是让个性与特点在校园里绽放，落实"每一位学生都是美丽的不同"的学生观。

从 2017 年开始，每到暑假，我们都会迎来一批特殊学生，他们重回校园，走进课堂，拿起课本，认真学习，用自我示范为即将步入小学生活的孩子树立榜样。这是一些可爱的爸爸妈妈。为了实现家校教育理念的趋同，学校特开设为期三天的新生家长课堂，让父母先于孩子入学，一方面了解学校的教育理念、课堂模式、课程设置与培养目标；另一方面，也希望家长通过学习，能更好地与孩子相处，做好家庭教育。每一位家长都是重要的链接，家长是学校的教育合伙人，我们有责任让每个家庭更加幸福。

在这些"从无到有"的可能中，有半数都来自一线老师的想法。比如，学校已经做了 3 届"让城市在爱中醒来"主题活动，凌晨 3 点，或许只有零下 3 摄氏度，三年级的孩子走上街头，去看看城市还未醒来的样子，去发现为城市醒来提早做准备的点灯人，去触摸黑夜里那些鲜为人知的故事。在凛冽的寒风中，学生们一呼一吸间都是从未有过的体验。他们用自己热乎乎的小手为城市的点灯人送上一份爱心，传递一份善意，成全自己的善举，获得一份价值。这些宝贵的经历对孩子们影响非凡，经历一种爱，他们懂得了送出温暖，知念感恩。后来，我们也将这个项目定为三年级特色活动，列入了"六个一"主题课程。

大家可能不会想到，这个活动的策划者是一位普通的班主任老师樊婧老师。她将学生的全面发展放在首位，不仅教授知识，更多的是思考如何育人。为了增强学生社会贡献的意识和感恩之心，她发起了亲历成长的活动。为了将樊婧老师的这个想法落地，25 位管理干部参与了研讨与实施，共同摆渡，最终实现了这个"可能"。

"从无到有"的可能，需要在管理中有松开缆绳的勇气。这些从无到有的可能也诠释着"每一位教师都是珍贵的存在、每一位学生都是美丽的不

○ 珍贵的存在：一张宁静而温暖的书桌 ●

同、每一位家长都是重要的链接"的教师观、学生观、家长观。

第二,"从一到多"的可能。教学中心主任赵静以数学学科为阵地,实现了"从一到多"的学科可能。在她的带领下,数学样板课堂受到了多位教研员的好评,孩子们的数学成绩更是在区里领跑。当然,她深知,这并非终点。学生从学科教学到学科素养的提升,还需老师在学科思维和学科活动上创造更多可能。

赵静主任组织老师们辅导低学段学生将自己的数学问题画成绘本故事,编辑成图文并茂的书册,形成的自创数学绘本已成气候。为了嘉奖与鼓励他们,学校特为这些优秀的小作者举行了新书发布会。当他们坐在台上用稚嫩的小手在自己的绘本上签名并送给老师和同学们的时候,孩子们所获得的自豪感,一定会转化为对学习的热爱。

此外,为了解决生活中的数学问题,赵静主任积极筹措建立瑞德银行和瑞德超市,由学生代表进行管理,面向全体师生开放运营,这极大地激发了全校师生的热情,实现了多学科的联动学习。由此延展开的"双十一购物惠",将优惠、打折、换算、促销等一系列数学问题,在真实场景体验中把学科与生活有效地融合起来。

从一个学科到多点联动,激发了学生的学习兴趣,拓展了他们的视野。"从一到多"的可能,需要在管理中有千帆竞发的气势。

第三,"从上到下"的可能。为了落实学校"走自然生长教育之路,办有温度有故事学校"的核心办学理念,集团投资建设 300 亩教育农场,为学生打造了学习与成长的天然场域,以落实立德树人的根本任务。

课程中心杨海威主任带领团队,从顶层设计的角度,深入进行课程开发与建设,在 2015 年完成了"二十四节气田园课程"系列丛书,指导学校田园课程的实施。2018 年初,他回到学校工作,帮助班级建设"一亩田",教育农场也更名为田园校区。这项举措与之前最大的不同是实现了自下而上的实践创新,以班级和家庭为单位的"一亩田"成为新的教育场域。班级自发与家庭主动的农作物种植让农场成为无边界的课堂，学生深度参与劳作与田园观察，开展充分发挥五感的体验式学习。班级与班级也呈现出诸多不同，这让同一个季节有了不同的成果。一年级小麦种植节、二年级油菜赏花节、三年级红薯收获节、四年级蒜薹采摘节、五年级萝卜丰收节、六年级青菜比拼节轮番上阵。300亩的田园校区里，不仅有汗水的挥洒，还增添了教育感、生命感、童趣感。

田园课程实现了自上而下顶层设计与自下而上实践创新的完美结合，成为五育并举、实现立德树人根本任务的重要路径。"从上到下"的可能，需要在管理中有运筹帷幄的底气。

在管理中如何摆渡

在我们的管理中，留心去观察的时候，会发现每个人的内心都撑着一艘船，只不过会因人的格局与视野的不同而规格有异。时时刻刻地自我精进，就能使自己的船安全、温暖，有空间、有动力。将想法摆渡为可以落地的做法是管理中绕不开的话题。中层团队如何完成摆渡？有三个要素：一艘船、一个渡口和一个彼岸。

一艘船相当于我们的管理工具。用管理工具落实行为，就是摆渡的过程。学校应能够打造出合理的造"船"工具，供中层团队使用，这其中包括了团队愿景、标准体系、授权机制、沟通通道和反馈系统等，形成完整的闭环。

学校实行大部制管理，幼教部、小学部、行政后勤部，各自独立运转，一方面减少部门交叉与任务重叠，另一方面凸显部门特色，落实管理机制。每学期末我们都会专门进行部门工作讨论会，确定新学期计划，形成工作计划书。新学期初，三大部会面向全体教师宣讲部门计划，通报航船路线。三个部门目标各有侧重，按照学期既定计划，有效落实各项工作。期末时，各个部门又会带着成果进行汇报。虽然看上去相对独立，其实也是分工合作的有效结合。"摆渡人"的任务就是合理利用工具，造一艘安全、结实的船。

一个渡口相当于任务驱动。学会布置任务是每个学校中层团队的必修课。布置什么任务？给谁布置任务？如何布置任务？任务完成后如何反馈？我们不能把"布置任务"简单化，那样你收获的可能只是任务的完成，而真正好的任务布置能够达到"驱动"的效果，使老师通过任务来到你正在等待他的渡口。

小学部已实现了年级部的扁平化管理。将渡口嫁接在每一个学生和老师的身边，是进行年级部管理的重要意图。六个年级和国际班在与大方向有关的大问题上实行连舟出海，在小问题中以"船小好掉头"为原则。每个年级主任就是年级的大家长，在年级管理中着眼细小处，将每一位老师和学生放在心头，切实、高效地解决问题。此外，在人文关怀上也要顾及每个人，捧起他们的欢畅，接住他们的忧伤。如给年级老师别出心裁地过生日，送祝福；给一些特殊时期的孩子"开绿灯"；给有需要的家长以方法上的指导等，这样可以慢慢形成情感链接，更好地开展工作。

一个彼岸相当于目标愿景。教师与教师的阶段发展目标不同，但愿景可以是相同的。"摆渡人"必须意识到这一点，看似把不同的人带到了不同的彼岸，但那绝不是孤岛，我们最终都要站在同一片大地上。建造儿童自然生长的栖息地，让孩子看得见"诗和远方"，是我们的目标愿景，这个愿景指引着我们所有的出发。每月的共读书目、集中的专家培训、共赏的精彩电影都是引领我们向目标努力的动力。或许彼岸可能永远到达不了，而我们却从未停下脚步。

实现了怎样的管理

当"诗和远方"可以看得见的时候，摆渡的使命已尽数完成。那我们到底实现了怎样的管理呢？我们的管理干部，平均年龄30岁，身上的管理经验少得可怜，就是这样的一帮年轻人实现了怎样的管理呢？我想，这些词可以表达目前的学校状态：柔软、坚持、看见、信任、脚踩大地、彼此托举、从趋同到大同……这些词都很抽象，但背后都流淌着艾瑞德共同的价值观。

摆渡一个人、摆渡一个班级、摆渡一个学科、摆渡一个学校、摆渡一种可能……摆渡的核心是人，没有任何一次摆渡是单向的，船上的每个人都拿到了自己的礼物，是付出、是成全、是贡献、是爱与被爱。只要人的内心点燃烛光，身外就不再黑夜茫茫；只要人的内心平静，世界上的风暴就不再喧响。

每一位中层都不止一次扮演过这个角色，也见证过身边的学校中层团队完成一次又一次的"摆渡"。我们所有的摆渡都是为了让坐过这艘船的人，有一天可以自渡，并且渡人。完成摆渡，就悄无声息地挥手送别他。最好不要回头，不要贪恋，更不要期待回报。纯粹的摆渡，是自我修炼的重要火候。渡人渡己，彼此互渡。言信、示范、从游，在时间的长流里从善如流，见贤思齐。

○ 珍贵的存在：一张宁静而温暖的书桌 ●

六年级部

今天参加六年级部的述职报告会，这是一场令我坐不住的述职汇报。我的心情随着大家的情绪而一直深沉。从大家的汇报中，我感受到这是一支能打仗、能打胜仗的队伍。每个人都是一把锋利的刀，且有着相互打配合战的默契。大家的眼泪诉说着对彼此的感恩与对年级部的不舍，最柔软的东西是眼泪，最有力的东西是内心。

再见的是时光，贴近的是情感

我们一生要遇到数不清的人和事，每一段路程都会有适合的人同行，短暂的小憩后，会继续赶路，有人离开，也会有人继续来到我们身边。每一种经历都会带来很多情绪与情感，有的人会让我们不舍离开，有些人会很快被忘记。学会别离与再见是我们必须修习的课题。有勇气选择说再见是内心强大的标志，也是长大的印记。所以亲爱的老师们，让我们有勇气和身边人说再见，继续行路，再见的是时光，贴近的是情感。每每想起，只要觉得内心温暖而有力，就足够了。

走过的是积淀，开始的是成长

毕业班的工作，是一个必须选择坚守和脚踏实地的工作。每位老师身上所呈现出的那股扎根的劲儿，必然成就我们这个年级积极进取的精气神。这一年的毕业班工作，在我们的身上打下了深深的烙印。这个烙印是积淀，应该说，带过了六年级，便有了一种到什么岗位都不畏惧的心态。接下来会是一个新的开始，这个新是岗位的新，对我们个人而言我们不是新的，因为我们走过的路为我们积淀了更加丰富的经验，让我们站在更高的起点上继续强大。

读过的是书本，收获的是心境

读书的话题，每一位老师在汇报中都有感触，有分享。读书是校风，在六年级的团队中，却是一种生活方式。数据统计结果显示，我们六年级部是开设公众号最多的。这一份力量强大了我们的团队，也让每一个人心境更加明朗而坚定。

写下的是文字，成就的是自己

每个人都会有自己在意的评价，有的在意领导，有的在意同事，有的在意家长，有的在意学生，还有的在乎自己。写文章是最能带来自我肯定与成就感的一件事。自己读着自己的文章，不需要他人点赞，内心就会有满满的自足感。看到李娜老师脸上洋溢的自豪与信心，我更加坚定了这一点。写下文字，树立信心，成为最好的自己。

一次深度的自我总结与觉醒会让我们的收获翻倍。无论未来面临什么，或者说面临什么都不重要，重要的是我们如何看待，决定我们如何看待的是走过了什么样的路。我们陪孩子们走过了六年级，还有什么可畏惧的呢！

○ 珍贵的存在：一张宁静而温暖的书桌 ●

做孩子成长路上的重要他人

　　孩子、父母、老师，是注定密不可分的教育共同体，在基础教育阶段尤为明显。父母在此中的力量不容小觑，他们对孩子的影响远远超过老师。每个人的成长都有相似的阶段，换言之，孩子是踩着父母的脚印在前行。父母本身的成长经历就是很好的教育案例，可以帮助孩子看向远方的路。父母应该是孩子最好的人生导师。向每一位导师致敬！

　　每每与家长交流时，我的内心都会有一种敬畏感。或许在教学专业能力上，老师略有优势，但就生活阅历、工作成就而言，很多家长却可以担任我的老师。老师与家长的关系是彼此促进而非彼此监督的关系。

　　这个学期，我力邀家长来班级做分享，这成了我的一点私心。我怀着无比期待的心情向走进课堂的每一位家长学习。时间赶巧，这个星期有两位家长登台分享。一位是做新能源汽车研发的义康爸爸，一位是自主创业已成规模的安妮妈妈。两位是事业成功的父母代表，他们带着专业知识与成长历程现身说法，是分享自己，也是影响孩子。

　　在今天的分享前，安妮妈妈征求我的意见：给孩子带来的巧克力是先发还是讲完发？我原本想说"讲完再发"，但最后没有表态，请她来决定。没想到她出乎意料地先给孩子们发了，并说："孩子们会着急，拿到手里就安心了。"这也许就是儿童立场。

在聆听安妮妈妈的分享时，我不自觉地拿出本子，做起笔记。这样的举动连我自己都有些吃惊，我是一个听觉型的人，参加培训讲座时大都以听为主，不喜笔记拖累。这次满满两页的记录，表达着我的欣赏与敬佩。安妮妈妈说："小学四年级前，我的数学没有及格过，到了五年级才逐渐开窍，后来经过不断努力，竟然成了一位理工女。在国外读研的时候，我去餐厅洗碗刷盘，没花家里一分钱。事业起初，我租赁了一间小房，后又买地建厂，再到国外收购，每一步都走得艰辛而坚定。"她感慨道，"无论是学习还是工作，没有哪个困难是不能咬牙坚持克服的。能走到现在绝不是能力决定的，而是坚毅的品质与执着的力量换来的。"这份积极拼搏与乐观向上的生活态度深深地打动了孩子们。更加可贵的是，这么多年来，她始终把运动放在第一位，竟然还是 1500 米、3000 米的国家二级运动员，真是不可思议。在对孩子的教育上，她给予孩子充分的自由，她说，孩子考 100 分与 0 分都与自己没有关系。孩子从小到大的事情，大人始终包办不了，每个孩子都是独立的个体，何不让孩子一开始就替自己负责呢！40 分钟的一节课，安妮妈妈为我们刻画出了一条通向成功的道路，这条道路的尽头，就是做最好的自己。这种理念与魏书生老师所谈的"不攀不比，超越自己；脚踏实地，自强不息"非常契合。没有人能随随便便成功，随随便便的人也不会成功。安妮妈妈走过了一条不寻常的奋斗之路。

我总会感慨周五下午的时间太短，短到来不及向每一位家长问候。好在我每周都在与不同的家长交流。临近结束，钰昊爸爸匆匆赶来，看到他的那一刻，我有些着急，孩子已经坐地铁走了，难道是走岔了？询问之下得知，他最近在国外出差，一回来，就赶往学校想了解孩子的近况。孩子已到家，他又专程赶来，难不成是哪里有疑问？我心里不免有些惊诧。细细聊天中，我感受到这是一位很有教育方向与方法的父亲。他对孩子的情况非常清晰，自己有一套教育方法，而且值得我学习和借鉴。如何辅导孩子学习，如何与孩子交流，如何尊重孩子，成了我们共同的话题。短短 20

多分钟，一个细致、用心、有思想的父亲形象深深印在我的心中。

无独有偶，梓航妈妈对孩子的支持也让我升腾起敬意。今天下午孩子要代表学校参加区里的四公里越野赛，因为不在学校进行，故而没有邀请家长。没想到这位妈妈主动打来电话，要到现场去给孩子加油助阵。原本已接到通知参加另一场会议，两个选择中，她选择了前者。赛后，把孩子送回家休息，她自己又返回学校拿行李。聊天中，我提出想看孩子的比赛照片，这位妈妈说："没有拍，心始终跟着孩子在跑，没想起来拍照。"所有的父母都爱孩子，但不是所有的父母都能做到全心全意。

同时参加比赛的还有小女生常灿，她在起跑时摔倒，裤子上磕出了洞，膝盖受伤，但她还是坚持跑完了四公里全程，并且取得了不错的成绩。这样的消息是我听说的，原本只是心里为她竖起了大拇指，但当我真切地看到她裤子上那个刺眼的大洞时，顿时心疼不已，再想到那么远的距离，孩子坚持下来一定非常不易。女儿是妈妈的心头肉，她的心疼一定不亚于我。站在孩子身旁的妈妈，看上去非常平和，一只手搭在孩子的肩上，她没有过多的言语，却在给孩子传递一种力量。困难是磨炼灵魂最好的方式，很多时候，经历磨难是一件好事，孩子也会在这个过程中变得更加坚毅。在孩子经历磨难时，父母的不同反应也会带来不一样的效果。灿灿妈的平和与淡定或许就是支撑灿灿最强大的力量。这也是一位了不起的妈妈。

如果孩子心中有崇拜的对象，就应该是自己的父母。首先，当父母成为孩子心中的偶像时，亲子关系自然不会成为问题。其次，父母也会成为孩子学习与参照的榜样。再次，养育儿女本就是一种付出，爱出者，爱必返之。爱在流动，一切就是美好的。每一位父母都是伟大的代名词，没有任何一种职业能比父母这个职业更加伟大。他们用自己身上的优秀品质影响孩子，细枝末节处尽显教育的味道。对自己的孩子，看得上、等得起、坐得住。每位家长都要做孩子成长路上的重要他人。我们要向每一位在状态的父母致敬。

每一位家长都是重要的链接

每一个夏天都有它独特的味道，昨天晚上我们欣赏到了天边那道惊艳的彩虹，今天便迎来了艾瑞德最重要的人。缘分是你我的吸引，相遇是彼此的选择，而人生就是一场盛大的相遇，今天的相遇也会在彼此心中架起一座神奇的彩虹桥。

经历 9 年时光的洗礼，艾瑞德逐渐走向成熟。我们坚持"走自然生长教育之路，办有温度有故事学校"的核心理念，以"启蒙、博学"为校训，以"干净、有序、读书"为校风。我们用仰望星空的姿势来完善学校文化理念，用拼命奔跑的力量落实创新。近年来，我们成就了郑州民办教育三朵金花的品牌、连续四年荣获郑州市十佳民办学校、河南省优秀民办学校、河南省最具教学特色十佳学校等殊荣。我们更在蒲公英教育创新年会、珠海教育博览会、河南民办教育培训等平台上频频发声，在 CCTV "希望之星"英语风采大赛、头脑奥林匹克大赛、机器人大赛中斩获殊荣。我们的教学成绩连续三年在高新区领跑。荣誉的功劳簿上，写满了我们与孩子们共生共长的成长故事，印满了我们与家长同呼吸共命运的温暖足迹。

在艾瑞德，每一位学生都是美丽的不同，每一位老师都是珍贵的存在，每一位家长都是重要的链接。教育是一场漫长的修行，家庭是孩子最早接受教育的场所，父母是孩子最早接受教育的老师。因此家长是孩子成长过程中不可或缺的重要因素，也是影响孩子一生最重要的人。记得有句话是这样说的："即使全世界都抛弃了你，只要父母还在你身边，你就拥有了全世界。"为人父母是一个幸福而又艰辛的旅程，在养育孩子的过程中，他们可能会不断面临挑战，也会遇到这样那样的问题。

自 2017 年开始，我们就开办了智慧父母课堂。孩子未入学，家长先上课。我们邀请的专家既有心理学家庭导师、学术研究者，又有学校优秀的班主任、年级主任。"每一位家长都是重要的链接"，我们希望通过这样的家长课堂让他们在家庭教育中知道如何说、如何做，形成教育智慧，既充满爱，又保持合理的界限，让和善与坚定并行。

小学六年对孩子与家长而言是一次小长跑，因此，教育价值观的趋同至关重要。孩子的成长不是一蹴而就的事情，它需要的是时间、精力、耐心。只有我们不断学习，才能助力孩子的成长，希望通过这三天的家长课堂，为孩子构建幸福、快乐、和谐、自然的生长环境！

从今天开始，又一个六年的新篇章翻开了，我们期待这六年是"人生若只如初见"，我们期待毕业时是"桃花潭水深千尺"，不及瑞德师生情。让我们祝福亲爱的家长学习愉快，学有所得。

拉开时间的维度看小学

在周五下午第一期的家长沙龙里，聆听了陈晓红主任的"在阅读和活动中成长"的主题分享，我很受启发。

晓红主任是我们这群人的大姐，不仅年长，更是有阅历，有经验。她的女儿是典型的"别人家的孩子"，一路名校，并顺利升入 985 大学。她的育儿经验是我们学习和效仿的灵方。她很谦虚，说自己是后勤副主任，竟然作为家长沙龙的第一个分享者，很是惶恐。而我们都知道，她有硬邦邦的"产品"作为王牌，是当之无愧的。

五年前，我曾有一次和晓红主任的女儿博博同行新加坡，与这个优秀的小姑娘近距离地相处了一周。她很开朗，很有想法。作为高一新生的她，包里背着书本一点也不必意外，走走停停间，她总是捧着一本书入神地看着。这种阅读的模样，不是为了学习而学习，而是内心宁静的享受。我也深受影响，从她的手里拿过一本来，和她一同体味这种阅读的乐趣。

关于阅读，晓红主任心酸地讲道："孩子在小学阶段一定要读书，要多读，利用一切可以利用的时间去读。不是因为读书能获得什么，而是因为进入中学以后，日常根本没有时间阅读。在分数的驱使下，很多孩子放弃了阅读，选择不断刷题来提高成绩。这一点，我颇为震惊，内心波涛汹涌，升腾起莫名的焦虑感。在学生时代的洪流里，每个阶段都有鲜明的现实特

○ 珍贵的存在：一张宁静而温暖的书桌 ●

点，孩子们统统被裹挟着前行，或许还伴随着许多不是本意的奔跑。在选择面前，只能拉开时间的维度，去权衡利弊。不过，她很幸运，小学时读了大量的书籍。"

关于大学，晓红主任带来的是无限惊喜与省悟。每一位大学生都经过了多年不舍昼夜的拼搏，笼子里的鸟儿才变成天空里的雄鹰，天性被重新释放了，内心的火把被重新点燃。博博进入天津大学后，各类兴趣被重新点燃。她参加电台主播社团，竞选学生会干部，主持迎新晚会，各类活动精彩纷呈。当然，她的成绩还是一流的。谈起孩子为何会迸发如此活力，晓红主任把原因归结为她小学时代的学习经历。孩子小学时性格内向，不善言谈，后来因一次国旗下讲故事的机会，得到了改变。她开始变得喜欢演讲、喜欢主持。为班级做值日和当班干部的经历也为她在大学时代的积极竞选埋下了伏笔。

关于辅导班，是所有家长共同的痛楚。晓红主任说："博博从小没有上过辅导班，主要是家庭经济原因。但现在我非常庆幸孩子没有上过那些培训班，才能保持对学习的兴趣与热爱。孩子提高成绩的途径有很多种，不是只有这一条。家长参与孩子学习，给他们有质量的陪伴，做好精神的支持，一样可以让孩子在大浪淘沙里保持学习的热情。"

小学作为基础教育的初级阶段，有它独特的使命。因一些机缘巧合，我曾和一些中学老师一起讨论相同的问题，这些讨论让我更加深刻地感受到了小学阶段的重要性。它不仅是孩子学习初始阶段的奠基石，更可以为孩子的童年增加丰富的阅历与绚烂的色彩，这份色彩将照亮他的整个人生。

唯有爱可以创造奇迹

一年前，在朋友的推荐下，我偶然读到了克莱儿·麦克福尔的《摆渡人》。作品引人入胜，令人手不释卷，那一天一夜的不眠不休让我记忆深刻。翻滚着黑浪的湖泊、窸窸窣窣的长途跋涉、随人情绪变换的无边荒原、危难时刻带来希望的安全屋，还有那令人毛骨悚然的恶鬼与凄厉的号叫，摆渡人用勇敢、责任守护着一个个灵魂进入新的地界。值得欣慰的是，那个圆满的结局，给读者的无限期待以安慰。

在一次饭局中，我偶见一个高三的小妹妹捧读正浓，原来《摆渡人2——重返荒原》已经出版了。想读的强烈愿望再次激荡，得友人馈赠后我又是一次不眠不休。

这本书继续了崔斯坦与迪伦重回人界的甜蜜生活和为修补漏洞与恶鬼厮杀的历险经历。而另一个人物苏珊娜为了跟随崔斯坦，欺骗守护的灵魂重返人界，酿成大错。在审判官的宣判中，同样是摆渡人的崔斯坦与苏珊娜却有着不同的结局。这不仅会让人心中生疑（尽管书中有解释），但更多的思考开始引领我去关注这个世界。在这个世界上，有很多做法相同却产生不同的结果与意义的情况，对此，人们或许会有疑惑。

爱生力量，是这两本书表达的共同主题。第一本书，迪伦因爱而重返荒原寻找崔斯坦，和他一起冒险回到人界。两人的相爱给予这个 15 岁女孩

○ 珍贵的存在：一张宁静而温暖的书桌 ●

强大的力量，从而创造了死而复生的奇迹。第二本书，崔斯坦来到迪伦生活的世界，面对穿越带来的祸事，两人共进退，彼此的守护让他们无惧无畏，争取着幸福。崔斯坦与迪伦用肉体之身与凌厉的恶鬼战斗，最终取得胜利。当然，最大的奇迹莫过于两人之间连接的纽带光亮而纯洁，打动了审判官，获得了可以继续幸福的机会。爱，赋予了崔斯坦积极战斗的力量，也赋予了迪伦勇于争取的力量。

爱生责任，迪伦与崔斯坦回来以后的生活尽管有迪伦妈妈不满的监视，但也算令人满意。他们本来可以平静地生活，品尝爱的味道，但当发现有人死于非命可能与自己有关时，迪伦在腿伤没有好的情况下义无反顾地回到事发地进行侦察。在一次次的厮杀中，崔斯坦差点死去，尽管如此也阻碍不了他们的再出发。崔斯坦与迪伦这种负责任的态度让整本书充满了正能量。心中有爱的人愿意承担一切责任。

爱生智慧，崔斯坦与迪伦所走的每一步都是在未知中向前的。重返人界，没有先人的成功经验。炸毁破洞也是思考得来的尝试。用火烧恶鬼更是冒死一搏的奇招。心中有爱，智慧自来。两人在危难之中萌发的智慧，换来一次次险境生还。

爱是力量，爱是责任，爱是智慧。爱赋予一个人活灵活现的世界，我们要爱身边的每一个人、每一个孩子、每一个生命，拥有爱的人无畏、无惧。一个有爱的人，灵魂是透亮的，精神是饱满的，生活是精彩的。每一个镌刻着爱与善意的灵魂，都会成为我们生命中的摆渡人。

逆 境

　　昨天晚上我与一位很久不联系的朋友在微信上简单聊了几句，他的状态不好，说自己马上就要破产了，原本用巨资打造的高端餐厅刚蹒跚起步，就被一场疫情摧毁了所有的一切。当我还在积极劝说他上线"美团外卖"保命的时候，他早已完全失掉了信心。我绞尽脑汁想以心灵鸡汤来安慰他，却是毫无用处。我知道，此时，他不仅损失了钱财，更是失掉了信念，"哀莫大于心死"。

　　"你不是老板，你没有投资，你不会真的理解我的感受。"这句话始终在我的脑海中回响。这让我又想到挂满商业街的条幅，上面写着"疫情无情人有情，恳请大爱房东减免房租"的字样。是的，在这场疫情中，我们是幸运的，家人健康、工作无忧，生活质量并没有受到太大的影响。我在内心深深地感恩，感谢阳光的眷顾，让每个黎明依旧亮起。

　　我们曾经是小学同学，大学又同读了师范，毕业后却走了完全不同的路。他在各类生意中穿梭，起起伏伏地越走越开阔。我则循规蹈矩进了学校，安安稳稳地做了这么多年。他常说，你们做老师的都是理想主义者，不知社会深浅，单纯美好得令人羡慕。我也常调侃他，你也可以当一名老师。

　　此刻，我坐在桌前，安静地敲着键盘，内心没有波澜，满满的安全感，

○ 珍贵的存在：一张宁静而温暖的书桌　●

一切都透着阳光的温暖。我努力想去回忆自己遇到困难时心灵得到的慰藉与能触发灵感和热情的东西。抬眼间，我一下子找到了。在书架触手可及的地方，它镌刻着我走过的每一步，也代表着我的全部世界。

从2008年毕业，我就走上了讲台，拿起了语文课本，开始了人生的又一个阶段。拿到新课本的第一时间，我都会亲手包上书皮。在期末时，又把它悄悄地带回家。每本语文课本里都写着密密麻麻的文字，那是我上过的每一节课。在我的记忆中，语文课本总是与其他书不同，无论是在学校还是在家里，它都在离我最近的地方。

走上管理岗位后，我每个学期关注的不再是一本而是一套教材。负责发书的老师每次都会拿一套，放在我的书筐里。

我有许多语文课本，家里和学校各有许多。在线上课程开课后，我的女儿骄傲地跟她的同学们说："我家有语文课本！"

一本本从薄写到厚的语文课本，除了是我上课的重要工具，还是我心灵的另一种皈依。记得刚开始主持学校活动时，我不会写稿，顺手就会拿起语文课本去找合适的字句，找古诗，更有甚者，在几次主持时，背的都是课文。

再后来，每每遇到想不通的事情，我就会拿起语文课本去读故事。我特别喜欢在空旷的教室里朗读课文，这是一种非常独特的享受。读完，就会有满满的痛快感。

当然还不止这些。在第一周的线上课程中，与老师们讨论语文课选择哪些内容的时候，不少老师都很吃惊，我怎么能在三言两语间就把六个年级的内容梯度拉开为"探秘百家姓""漫话唐诗""绘读故事""品读名篇""走进名著""趣谈名人"。我并不是教过了一个大循环，就对课文了如指掌，而是语文课本就在我的手边，我在常常翻阅。

每个历程都有这么12本书，陪伴着我，参与我的一切，见证我的生命。所以，我从不曾在孤独时无去处，在无解时无奈何，在登高时无扶手，在静默时无伙伴。

　　人在无望时，会忘记自己有什么。在得意时，会想不起自己缺什么。一生所需，寥寥可数，找到一直在手边可以触摸到的那个精神象征，会让精神无绝境。

　　武汉加油，祝福每一个身处逆境的人，都能守得云开见月明。

安全感蛰伏在每个人的内心深处

　　刚出生的婴儿渴求母亲温暖的怀抱是一种本能，幼儿时期渴望得到父母和老师的鼓励，青少年时期希望得到同伴或异性的赞美和肯定，到中年时希望能有一份蒸蒸日上的事业，退休以后又渴望儿孙绕膝，尽享天伦之乐……纵观每个人的成长历程，可以说，人生是不断寻找安全感的过程。

　　疫情期间，有一个人打动了无数人。他是一个外卖骑手，叫老冀，他和武汉还是很有缘分的。他在疫情期间从事外卖骑手的工作，每天穿梭在武汉的大街小巷，给医护人员和普通市民送东西。此外，他还会把在外边看到的见闻分享在自己的微博上，通过这样的分享吸引了很多网友的关注，大家把它当作了解真实武汉的一扇窗口，安慰了许多人。

　　"我给了武汉人民安全感，而他们也帮我走出了低谷。"他用这句话给自己定性。这个例子并非为了突出在疫情期间他为武汉这座城市做了什么样的贡献，而是因为他的穿梭和分享让不能身临其境的人，看到了疫情下的真实情况。他的分享让我们有了一种安全感。安全感就是看得见的变化。这种看得见的变化会给我们内心安全感。

　　安全感是摸得着的成长。有一位小姑娘，因为小时候生病变成了盲人。在正常学校就读的她，脸上经常洋溢着笑容，状态与我们通常所理解的盲人截然不同。在记者的镜头中，盲女孩精心地挑选着头巾，这给我留下了深刻的印象。她和她的导盲犬在一起，跟正常人一样学习、生活，手中握着导盲犬的链子或者摸着头巾的感觉，给她带来了一种踏实感。她的世界全靠触觉。

在利比亚撤侨事件中，在极危险的困局中，有人把国旗穿在自己的手臂上，高高扬起，以此通过交战区，带领一帮人走向生的希望。在这种形势下，一切都是不确定的，在不确定中如何去寻找确定？我想，想得到的未来，就是安全感的重要来源。

从看得见的变化到摸得着的成长，再到想得到的未来，安全感就是我们身边可以用感官或者心直接触碰到的一些事物。

如果说从个人的角度给安全感一个简单的说法的话，我认为，安全感其实是蛰伏在每个人内心深处的。它就是我们内心的一种折射。我们通过一些事件、一些环境、一些交流、一些感受，像吃饭一样，把安全感一点一点地养大。

当鸟儿站在树枝上，不是因为它相信树枝不会断，而是相信自己的翅膀。它需要通过学习、锻炼、努力，让自己这种安全感能够长在身上，长在心里。安全感和人的关系，安全感和社会的关系，安全感和文明的关系，安全感和教育的关系也是一样，相信每个人的内心都有一双翅膀。

周三我在读书广场偶遇了小Q同学，一天的时间他都在那里读书。曾经的他，心里没有安全感的时候，就会在校园里四处游荡，还会试图通过门岗走到外面搞破坏、打人等。此类表现是孩子内心没有安全感的一种方式。

现在他四年级了，也许他的人际交往等各个方面还会有很多问题，但他再遇到问题的时候，则选择通过看书的方式来化解。今天我也听到邢鹏老师接到班主任老师的电话，问小Q同学在不在读书广场。

邢老师说："在的，你放心。"班主任张婉清老师听到后，就安心地去带班了。小Q同学选择在广场读书，用一天时间去读书，表达着他内在成长的一种变化。我把他当时看的书随手拍了下来，这本书的名字叫《长着翅膀的男孩》。当班主任老师知道小 Q 在读书广场的时候她就不再焦虑了，这个孩子的进步与成长也给她带来了安全感。

昨天我和四（6）班的同学在读书广场上阅读课的时候，发生了一件让我觉得很意外的事情。有个同学是我校教师刘晓娜老师的孩子，他跟我讨论了一个写长篇小说和短篇小说的问题，继而引发了全班同学的参与。在我的调查中，这个班有 32 个孩子，其中 28 个孩子都有写书的经历。目前，梁永平写得比较好，已经写了 1 万多字了，而且他说任老师会尽快帮他梳理成册。

安全感是心理健康的重要标准。它能使一个人最终成为内心安定、幸福的人。安全感可以让我们积极而坦然地面对生活以及生命中的风风雨雨，有一颗强大的心。安全感会让一个孩子充满自信，有意愿和能力去探索外面的世界。安全感也会让孩子成为一个有价值、受欢迎的人。安全感来自确定性，而不安全感则来自对未来的不可知和不可控。

看得见变化代表着过去，摸得着成长代表着正在经历的当下，想得到未来是面向未来的信心。我想，无论是人类文明的进步，还是人生的奋斗，其过程就是寻找安全感的过程。

善用冲突

校园里有了童声、童语、童影、童心，一切都变得不一样了。老师眼中闪烁着积极又兴奋的亮光。孩子们一边小心翼翼地保持一米线的距离，一边又按捺不住好动的天性，总想伸手去搭搭同学的肩膀。而我们可爱的家长，也形成了一种意识，在学校的警戒线外就松开孩子的手，用目送的方式说再见。但尽管我们做足了复学前的方案设计及所有的流程安排，难免还会存在冲突。

这是习惯冲突。习惯了每天早上进校门与老师来个热情的拥抱，与同学拉拉手；习惯了下课时间三五成群的热闹，与小伙伴腻歪在一起聊天；习惯了上课时，在兴奋时与老师来个击掌，在合作时互相靠近；习惯了在校园的树荫处聊聊小秘密，在走廊上望望远方，畅想一下未来。有太多的习惯在这个时期与新规存在冲突。内心的刻意暗示，也难抵习惯。

这是经验冲突。孩子长大的过程也是学习经验的过程。原本的生活经验、学习经验、交往经验、成长经验都在这个特殊的背景下，有了冲突。原本下课去洗手间只需要一分钟，现在却需要排队等两分钟。在家里上网课已经学过的内容，回到校园需要做梳理和提炼再认知。与同学们交往相处，需要摸索出新的表达方式和感觉。成长的时间流里，有了波澜起伏，需要新的经验来应对。

○ 珍贵的存在：一张宁静而温暖的书桌 ●

这是价值观冲突。价值观是孩子和老师处理问题时，表达立场和想法的重要出发点。面临改变时，遭遇价值观冲突是非常正常的事情。这种冲突可能是认知和理解层面的，可能是情感与体验层面，可能是意愿与行动层面的，也可能同时波及这三个层面。按照疫情防控的要求，校内人员一旦出现发热，要按照规定流程来进行处理，程序要比以往的处理方式复杂许多。返校时，还需要提交相关的检测证明。这个过程中，就容易造成价值观的冲突。

冲突来临时，如何认识、理解、调整就显得尤为重要。无论是习惯冲突、经验冲突还是价值观冲突，都是特殊时期的必然产物。这些冲突有与事、与规、与过往的冲突，也有与自己、与情感、与成长的冲突。

面对冲突，直面是唯一的选择。用积极的态度去认识冲突的双方，厘清冲突点与内在联系，做好价值澄清，是必要的。要理解冲突，每个冲突的发生，都有其存在的道理，要尝试接受不同，用换位思考来与自己和解，与问题和解。要调整冲突，有了清晰的认识和充分的理解，接下来就要调整。

冲突是一把双刃剑，带来矛盾的同时，也带来了成长的契机。抓住冲突的机会，善加利用，转化力量，就能内化成长。我们要把握好冲突的教育价值，培养孩子的价值理性和对待差别的态度和能力。我们也要善于利用冲突，用教育智慧磨平每一个扎手的棱角，打磨出耀眼的光彩。

明　亮

　　每天睁开眼睛，铺天盖地的新闻都会让心情如六月的天气一样阴晴不定。好消息如雨后放晴，乾坤朗朗；坏消息如乌云密布，让人躁动不安。尽管有时内心波涛汹涌，但很快能意识到，安静，就是最大的贡献。坚定信念，必然胜利。

　　足不出户的生活，仿佛让我们来到了另一个世界。这个世界的阳光是从窗口射进来的，餐食必是从自家厨房的烟火中翻腾出来的，与外界的交流是在网络视频中完成的，最重要的一点：要学会宅！有时，我会有些恍惚，也会有些不可思议，突然出现在生活里的暂停，叫停了一切。除了停下，我们还必须学会安静。收起往日的风风火火，化作尘埃，静静守望。细细琢磨时光里的分分秒秒，感受生活之慢，聆听声音之轻。

　　晚间与妈妈视频，她怀着复杂的心情讲述了一件事：租住家里房子的一位女房客因为工作原因提前返郑，几经波折才从青海转机到郑州。因为小区封闭，不能进入，附近的酒店全部停业，她没有地方住，没有饭吃。妈妈也跟着着急上火，想了很多办法，最终把她安顿在另一个方便的地方。晚间又给她送了被子和用品，这才算安下心来。能听得出妈妈对她处境的焦心和对物业管理不近人情的抱怨。我一方面安慰妈妈，一方面也感受到了她与人为善、为他人着想的明亮。

　　○ 珍贵的存在：一张宁静而温暖的书桌　●

每天晚上八点左右，我都会全副武装地到空旷的马路上去走走，以保证适当的运动量。市区的夜景还是非常美的，各种造型的灯发出的光将马路装点得温馨而明亮，与这些灯光同样明亮的还有一群人。

　　昨天晚上九点半，我路经一个小区门口，看到一个戴着红袖章的年轻女孩端坐在一张桌子前。我忍不住多看了她一眼，内心起了波澜。这是小区的侧门，光线昏暗，而她的存在让这一片都亮了起来。

　　往前不远，在明亮的灯光下，也有一位女性工作者。她手里端着一碗冒着热气的泡面，正在狼吞虎咽。看到我们路过，她身体稍微侧了一下，有些不好意思。我示意家人快步走过，给他人留下些方便。

　　走在路上，除了运动带来的温度，遇见的人更在传递一份温暖。每个路口和小区门口都有很多人在执勤，我不知道他们几点下班，但他们在瑟瑟寒风里坚守的形象，让夜晚亮了起来。

　　歌手韩红在这个特殊的时候，再次走进大家的视线。她从疫情暴发到现在，已经运送五批物资到武汉。她在微博中说："不瞒大家，我病倒了，三天了，但是在国家有难的时候，我必须像个军人一样地坚强着！我永远都是那个笑呵呵的空军士兵！"比起歌手的身份，她更像是公益代言人。她的基金会也因执行能力有限，暂停接受善款。她在接受采访时表示，自己做慈善之后最大的经验就是一定要亲手把钱给受助者，并且明白"原来即便是一包方便面也可以公示"。用这样的态度做公益，让阴霾的疫情天空闪烁起一丝明亮。

　　现在，我们生活在乌云之下，有那么一群人冲在最前方，奋力拨云见日。还有一些人在努力地点灯发光，让乌云之下的我们可以不那么害怕，有光可看路，有火可取暖。让我们都学着成为发光体，无论在任何境遇里，都能照亮自己，温暖他人。

自说自话的儿童智慧

与儿童相处，不时会感到惊奇，他们语出惊人，他们瞬间转换，他们的奇特小手，总能给我带来一些小惊喜。

麻烦，跟我换个位置

下班回家，我一手拿电脑包，一手提包。小姑娘一手拿水杯，一手拿外套。这样的一高一低是固定的标配。每每有额外东西的时候，我们俩都要经过一番纠缠来确定谁拿。其中有种谈判感，没有互相推脱，只有据理力争。在她的面前，坦白讲我毫无语言优势。今天在路上，我们一起共享了一杯奶茶。下车时，她喝完了最后一口，主动承担起拿空杯的任务。她在左边走，我在右边走，一路同行。进大门的时候，她突然叫住我："请停一下，麻烦跟我换个位置。"我愣了一下，停住了。她从前面绕到我的右边，看到我非常吃惊，她故弄玄虚地问："知道为什么要换位置吗？"我虽很好奇，却也忍住不作声。她慢条斯理地说："一会儿经过垃圾箱时，我要扔垃圾，换了位置，比较方便。"哦，天啊，她简直太有前瞻性思维了。

左手拿衣服，右手更灵活

自从 9 月开学，我和她就成了早晚同行的伙伴，一起出门，一起回家，一起走路的机会也更多了。早晨出门，我习惯性地快走，而且经常自顾自地赶路，她也总是快马加鞭地追赶我。晚上回家，我们慵懒地并肩行走，边走边聊，又是另一番感觉。从停车场到家门口，大约 5 分钟的路程，她总是喋喋不休，讲述或者提问。我也懒洋洋地回答。今天她突然问了我一个问题，说："妈妈，你想过为什么我总是左手拿衣服吗？"我诧异了，心想这是什么奇葩问题。她一本正经地说："左手没有右手灵活，拿衣服比较方便，而右手可以空出来，做很多事情。比如，突然挠痒、按电梯、扔垃圾或者帮你找钥匙开门。这样的分配多合理啊！"听了她的说明，我努力腾出了右手，给她点了个赞。的确如她所说，左手点赞不顺手！

当当，请进

晚饭后，我进卧室换衣服，听到"当当"的敲门声，没有理会，想着换好衣服后再去开门。随后听到一句"请进"，一个小脑袋就探了进来。我一脸吃惊地望着她。她鬼头鬼脑地说："我已经敲过门了，也说了'请进'才进来的哦！"我还没反应过来，她已经拿了睡衣走了。这个小姑娘，自己敲门，又给了自己"请进"的口令，简直令我瞠目结舌，真是太搞笑了！确如她所说："我按照我们平时的约定，进房间敲门，也做到了听到'请进'后方可入内。"这一局，她赢得漂亮。

看着眼前的小姑娘一天天的变化，我太欣喜了。她除了个头越来越高，智慧也是与日俱增。突然，我有种为她骄傲的感觉。儿童真是太有智慧了，智慧来自对生活的好奇，对未知的探索，对自我的认同，还有一份与生俱来的善良和对这个世界简单纯粹的爱。

我曾在一次家长会分享中表达过，儿童是这个世界上最神奇的存在。从出生那一刻开始，他们就是完整的生命个体，父母于他们而言，是生命的陪伴者，两者并非从属关系。儿童给了父母参与生命成长过程的机会，而儿童不断长大的过程，是送给父母最好的礼物。好好感受孩子送给我们的每一份惊喜，足矣！

有滋有味的儿童生活

作为母亲，我总觉得自己"技不如人"。无论是对孩子生活上的照顾，还是学习上的辅助，都做得不够，更别说精神上的陪伴。我时时有种在岸上带孩子游泳的感觉，怎么带都觉得缺少些什么。

女儿的姑姑是我们这个大家庭中的一把好手，照顾孩子的衣食住行，耐心充足且方法得当，孩子们都喜欢她。细细对比，不难发现她的法宝——想尽办法、见缝插针地带着孩子玩。他们家的周末总是在玩的路上，他们跑遍了郑州的大街小巷和各种公园。她有一句很经典的话：孩子就是要在玩中学会生活。

一到周末，女儿就会心心念念地想去姑姑家住两天。

最近两个周末天气渐暖，晴朗舒适，姑姑就带着孩子们学骑自行车，我没有亲眼看见她是如何教学的，只知道女儿学了大约一个小时就可以蹬起一辆小自行车左右摇晃地跑起来。

这周的目标是小车换中车，又是走后的一个小时，我收到姑姑发来的视频。视频里的女儿，谨慎且兴奋地蹬着中号车子，目光里写满了得意。

我不禁有些苦恼，我还清晰地记得教女儿跳绳和学轮滑的情景，我将方法讲得一清二楚，步骤分解得科学有序，又充满耐心，态度温和，愣是毫无进展。

今日我一探究竟后，似乎有些明白了。

从车缝中挤出的一片空地上，六七个孩子在来回游戏。大的教小的骑车，更小的跟在车子后面跑，男孩子在绿化带里玩着没有子弹的枪战，大人与小孩打着不对等的羽毛球，这是曾经多么熟悉的画面！

随着城市化进程的不断加速，单门独户的生活让孩子的生活里没有了乐趣，就像在一个与真实世界隔绝的孤岛上演习。我们希望孩子有学习的驱动力，所以特别注重从他们的生活经验出发，来唤醒他们对生命的关注，对知识的好奇。可是他们现在的生活经验是什么？

看着一群可爱活泼的孩子，我的教师本性显露无遗，我马上把他们召集起来，凭借着组织能力的优势，一场4至10岁孩子的自行车比赛开始了。但我只想好了开始，却未预料到结果。

简单的赛前动员后，他们骑着各式各样的小车子出发了。路线没有预先规定，孩子们却出奇地一致。5岁的林林获得了第一名，获得第四名的女儿有些难过，抹了两滴眼泪，就又活蹦乱跳地回到了小伙伴那儿。一轮比完，孩子们直呼不过瘾，很快便抛弃了我这个裁判，自己组织起来，又出发了。看着这场毫无标准的比赛，他们在参与的过程中却获得了快乐的嘉奖，不需要评价，也不需要公平。法国思想家卢梭曾经说过："大自然希望儿童在成人以前就要像儿童的样子。"儿童的天性是自由的，是喜欢游戏的。在他们身上原本就有一种游戏精神，轻松、自然、和谐、有趣。

7岁的哥哥姐姐吃饭的本领要比4岁的妹妹厉害，他们早早跑下楼去捉迷藏。妹妹不紧不慢地吃完自己的饭，背上保温水壶下楼去了。院子里住了不少曾经的邻居，安全度高，大人们一贯默许她自己下楼。三楼到一楼的每一个台阶，她既熟悉又小心，一只小手会紧紧握着栏杆。

不大一会儿，她又回来了，小嘴嘟嘟囔囔地说："水壶里的水太少了，再加点儿。"大人们忙问："你喝了吗？"她摆摆小手说："没有，背着太轻了。"我们连忙竖起大拇指，为她点赞。再次出发下楼时，她站在门外，一直提醒大人，她要走了，快点锁门。我们哭笑不得，这个 4 岁的小朋友真不简单，她的生活本领了得。

陶行知先生说，生活教育是以生活为中心之教育……是生活便是教育；不是生活便不是教育。孩子的童年期是为其一生的学习活动奠定基础的时期，也是其心理发展的一个重要阶段。孩子们应该回归生活，在真实生活的怀抱里释放天性，自由奔放。儿童生活是真实生活，我们要尊重儿童生活，满足儿童生活，激发儿童生活。

教师子弟

11 月 11 日，女儿的阳历生日。老辈儿的习惯都是以阴历生日为主，而在她出生的那一刻，我就决定以后要给她过阳历生日。一则这是个令人兴奋的日子，容易被记住。二则也用以抚慰她的喜欢网购的妈妈。

因为我的教师身份，女儿还未出生就被贴上了教师子弟的标签。我清晰地记得，手术缝针时，助产大夫为了分散我的注意力，就跟我聊起了孩子以后上学的问题，当得知我是老师时，她羡慕不已，说孩子幸福，不用为了学习发愁。还未经历陪伴孩子学习过程的我，也就默认了这样的羡慕。

从女儿上幼儿园的第一天起，我和她爸爸就商量好，要用心辅导女儿，我负责语文，他负责数学。这样的分工，也令周围的朋友们称赞。学习是孩子成长过程中最为重要的命题之一，甚至在大多数父母眼中，孩子只要学习好，一切都好。教师子弟更是拥有得天独厚的资源。

上小学了，孩子们都开始懂事了。在班级中，如果孩子是教师子弟，就会被其他同学羡慕。可以和妈妈或者爸爸在同一所学校，不用为了一些信息传递上的偏差而受到影响。当然，更多人会说，因为是教师子弟，会受到诸多偏爱，广受关注。

这些或许都是我们思维里的常态，我们也相信，可能本来就是这样的。

借助女儿 8 岁生日的时间节点，我又一次重新回望了她的成长历程。

○ 珍贵的存在：一张宁静而温暖的书桌 ●

3岁3个月入幼儿园的小渔儿，因为妈妈教六年级，要从早7：20一直工作到晚20：30，她只能选择自己坐校车上下学，从此开始了早6：55上校车，晚17：50下校车的求学之路。至今我也不能完全体会这一段经历带给她的是什么。但我知道，3年里，她从未迟到过，也极少请病假。有时，一周的时间，我们都不曾在校园碰面。因为是教师子弟，我特别希望她和其他孩子没有区别，这样的心理暗示，也让我与孩子刻意地保持了一些距离。当然，我们也会如其他父母般尽可能地参加班级活动。

孩子在幼儿园的生活经历，她所呈现出的状态，让我坚信，这样的培养是对的。

她入小学后开始和我并肩作战。我也将汽车的后排座椅布置为温馨的小床铺，在早出晚归中为她营造舒适的休息区。因为我的工作转型，时间节奏不如理想中那么固定，我们两人彼此等待就成了不言而喻的默契。有时，会有热心的老师提醒我："孩子在等你。"我也会微笑点头，表示她自己可以的。

一年多的小学生活就这样在不经意间过去了。在一次家庭会议中，我和她爸爸都颇为感慨地进行了自我检讨，表示自己未能完成当初的承诺。在理想与现实中，我们不得已选择了现实。

作为教师父母，我们也欣慰地承认："我们是幸运的。"因为细数起孩子的优点时，我们可以滔滔不绝。

不过夜的作业

孩子入小学后，令多数父母头疼的就是作业辅导，我却少有这样的烦忧。通常在我想起询问作业时，她就得意地说，自己早就完成了。无论是每日练习还是周末作业，她从不让作业过夜，总是在第一时间就做完了。还有几次因我的个人原因，她都只能在我们围桌吃饭的时候，独自在角落里完成作业后，再上桌吃饭。同事们都感慨，孩子竟如此自觉。我也不得不承认，这些都不是父母的功劳。

记得有一次，我和她爸爸因为她的成绩而起了争执。她爸爸说："你对孩子过于宽松，80多分在学校就是小尾巴。"而我却不以为然，孩子的成绩完全来自她个人的努力，没有大人辅导，我们怎能去做过分的要求呢？而且，我也始终相信，自律的孩子一定不会差。还有一点就是，我始终认为，小渔儿自我要求很高，无须人为拔节。在这一点上，我们取得了共识。这种共识的前提是，我们抛弃了她教师子弟的身份。

健美操里的热爱

孩子5岁的时候，我有意识地引导她学习舞蹈。开始的时候，她稀里糊涂地在婆婆有规律的接送中，坚持得很好。后来，随着基本功的训练强度增大，她开始有了排斥的情绪，好在坚持到了现在。

体育课上，她遇到了健美操，从此一发不可收拾地爱上了邓老师的健美操课，我也乐得观望。一年多的时间里，除了拓展课时间的学习，她每天下午课外活动时间都坚持去健美操校队练习。尽管如此，她依然有遗憾，因为每天走读，加之路途稍远，不能参加晨练。

我自己也带班多年，知道孩子们心性变化有多快，在自选兴趣课程的情况下，能坚持长久不变的孩子不多。尽管参加的几次表演，她都不在核心位置，但这些都不是我们看重的。

每天班级打扫卫生的时候，她都要去练习健美操，我十分好奇她如何平衡时间。后来才知道，她都是偷偷请同学帮她打扫，自己再抽空以另外的方式感谢同学。

时至今日，练习健美操的意义对于她来说已经远大于健美操本身了。这样的热爱，让她自己学到了如何自如平衡地使用时间。内在驱动力一旦启动，就真正地让她的生命有了生长的能量。

每晚的必修课

这门必修课，曾经被我看作是最多余的功课。

晚睡前，婆婆都会和她一起准备好第二天的衣服和用具。一则避免遗漏，二则节省时间。随着她年龄的增长和自我认知的加强，这门必修课变得复杂而矛盾。如何搭配衣服，如何整理物品，都成了争吵的话题。有时，为了用哪个袋子装的问题，都会引发不同意见。我一度建议取消这门必修课，第二天拿到哪件穿哪件。好在，婆婆足够耐心，一直坚持到了现在。而我也享受到了这份坚持的成果。除了不必为孩子操心外，她还常常为我整理。婆婆说我是懒妈养勤孩，而我却深知，这一切都归功于她的用心教导和孩子自身的努力。

此外，在给女儿讲道理的时候，婆婆常说："你妈妈是老师，不能给妈妈丢人。"每每听到这样的话语，我的心总是会触动一下，也会极力纠正婆婆的表达。孩子不能活在父母的压力之下。

小时候，我的同班同学里有一个教师子弟，他的妈妈是我们的数学老师。无论在课堂上还是作业里，他都是挨批挨打最多的那个。我们深深地感受到了教师对子女的高标准和严要求。或许是因为有了这样的经历，我才格外希望自己的孩子可以平凡、普通。

艾瑞德的教师子弟近百人，在同一理念的共识下，我们彼此守护孩子的那份平凡。入班抽签、评优选举、各类活动孩子们也是各凭本事。为了方便教师工作，幼儿园还专门开设了延时班，老师下班后才去接自己的孩子。

感谢 40 亩的校园，给了所有教师子弟一份平凡而普通的宁静，让生命的成长少了一份标签的压力，多了一份自由发展的空间。

可以坦然写下这篇文字，是因为孩子带给我的安全感，感谢她的努力让我们可以在各自的轨道上互不影响地保持自信与从容。

和自己处理好关系

我主持过学校的多场会议，也算是稍有经验吧。在这个过程中，我经历了三个阶段：第一阶段写稿背稿，脱稿主持；第二阶段不写稿，临场发挥；第三阶段写稿不用稿，基本要求是不读稿。我很感谢自己经历的这三个阶段。

第一阶段，我关注自己背稿的熟练度和情感状态。主持时的心情多是紧张，偶尔透露自信，结束后如释重负。

第二阶段，我会用心地去感受现场的氛围，关注参会人员的状态，静心倾听发言人的话语，努力在自己的认知范围内去寻找可链接的部分，快速地加工，有时不等腹稿成形，就会脱口而出。这种状态，会议前会非常紧张，唯恐接不上话，过程中也会很累，全身的每一个细胞都会高度集中，结束以后会有两种心情，一种是因临场发挥得比较满意而自我肯定和开心，另一种则会因某句话不得当、某个音不标准而后悔没有做足准备，从而感到伤心和难过，进而否定自己。

第三阶段是前两阶段的结合体。我会在会前做好充分准备，方式就是一定要写出来，让我想要描绘的画面清晰地呈现在脑海中，但我不背稿，只在上场前看一下，能记住就记一部分，其余临场发挥。这样的状态是目前比较舒服的状态，进可发挥，退可保底，与我的处事方式还是挺像的。

○ 珍贵的存在：一张宁静而温暖的书桌 ●

不断地学习之后，我开始推翻这些曾让我引以为傲的方法。我对主持也有了新的看法和认识。按照我的理解，主持可分为两类：一类是纯串场的主持，另一类是学术等方面的层次高于发言人水平的总结引领性主持。

记得参加北京的一次高峰论坛时，我积极投入地去聆听发言人的观点和思想，努力地总结笔记，可总是跟不上，不知道该如何总结记录。当主持人上场去承上启下的时候，我好像一下子豁然开朗了。他简洁、明确地表达了发言人的核心观点，既有提升又加以润色和修饰。事后，我和同伴分享感受，才知道这个主持人是成尚荣先生，是教育界有名的人物。

自此，我开始改变了对主持的看法。唯有提升自己的文化底蕴，丰富情感内涵和表达方式，才能成为一个有内涵和高水平的主持人。我开始朝着这个方向去努力，同时也找到了自己的方向——"做一个有思想的人"。我学会了问为什么——通常是问自己——我做了这么多，难道就是为了折腾？做事不以结束为止，结束以后，可以延伸和继续的部分是什么？这件事情有几个解决方案，另一条路走得通吗？

除了这些，我还把专注点从事上转移到人上。人才是关系和链接的核心，与人相处或合作，我最大的感触就是接纳。只有无限接纳才有可能产生链接，要允许自己和别人做不到。不过，与人相处依然是我最薄弱的环节，因为害怕被拒绝。害怕被拒绝是因为对自己的不接纳，不接纳自己是因为价值感太低。

看到这个部分，我开始去练习，我不断地告诉自己每个人都是珍贵的存在，不要因别人的看法而无光。我也找到了另一种方法，就是不遗余力地分享自己的智慧、感受、经历和生命。我相信只要自己迈出这一步，一定会有人感受到。我也在这个过程中不断地肯定自己。这是一段很长的路，要继续走下去。

随着对自己的不断了解，我又赋予自己一种选择并为之负责的能力。学会了选择，我好像一下子变得轻松了，也愿意为自己的选择负责。看清了我想要的部分，即便做不到也不会自我抱怨，也能接纳和认同他人的选择。低头和柔软也开始进入我的思想体系。对于那些完不成的事情和化解不了的情绪，我选择向自己低头，不再倔强。我也尝试表达需求并向他人求助，即使得不到回复或帮助，也不会因此而自我否定。因为在表达前我已经做好了选择，我为自己的失望买单，也能理解每一个生命当下都是一种体验，他人不能回应是因为他有更重要的体验在发生。

和自己处理好关系，需要不断地练习和感受，这一切让我愿意开放自己更多的部分。如果非要问为什么，我给自己的答案就是因为想要和每一个生命有深层次的链接，也想让我的生命更加有力。

不平凡的路

2020 年以措手不及的开头，没收了人类的无拘无束。城市的脆弱在世界各地展示，我们被推进了来不及彩排的洪流中，共同面对是唯一的铠甲。

如果要说用几个词语来形容刚刚过去的这个学期，我想到了四个词，第一个词是道阻且长，这是一条特殊时期的不凡之路。第二个词是风月同天，我们在相同的时光里用守望相助的态度共同前行。第三个词是乘风破浪，它是我们面对困难时的精神追求。最后一个词是行则必至，勇敢向前和责任担当，让我们这个学期一路走来，虽然有惊涛骇浪，但是稳稳走到了期末。

时间坐标

如果要在时间的坐标上去寻找我们走过的足迹，我想每一步都是清晰的。过去留给我们的是难忘的回忆，将来给予我们的是无限的期待。2 月 9 日的线上教职工大会开启了这个学期的不平凡。从 2 月 10 日开始一路走来，每个时间节点都布满了艾瑞德人向前行走的脚印：2 月 10 日的云开学，2 月 15 日的家长健身，2 月 17 日的阅读大会，到 2 月 22 日开始的六期主题课程。

在新的模式里面，我们不仅考虑到了教学，还考虑到了孩子们周末的生活。2月22日我们开启了周末"艾电影"活动，而家主题课程、环境主题课程和线上家长课堂的开启，为艾瑞德品牌的树立拉起了一面大旗。

时间来到了5月，应该说，我们正向希望靠近，我们都在"盼归来"。5月7日的家长会我们面向全体家长预告了新学期的相关计划和学校的准备；5月8日的母亲节活动到5月10日的"复学奥利给"，我们终于等来了在蔷薇花下和孩子们相聚的时刻；5月19日的区级课题开题报告让我们在教科研板块又向前迈出了一大步。

接下来的一段时间里，我们一方面要守住学校的基本盘，稳步向前，另一方面要面对期待，面对未完成的事件鼎力往前走。

一年级新生的入队仪式、新学期新生家长课堂的理念解读会、李冲锋博士的课堂燃梦，以及端午节的活动后，7月的期末考试已经到来。

这个学期既长又短，长的是学期的时间总时长，短的是我们在一起的时光。7月6日综合素养测评后，我们最后一周的整体活动，露营节，六年级毕业典礼，国际班、三年级园博园研学，二年级穿谷，还有六年级翻过一座山的毕业旅行陆续开展。

共同回忆我们曾经走过的路，每一步都那么清晰可见。这里面还有一些没在时间轴上呈现的我们所做的工作，比如各年级都在这个季节里举办了年级的收获节，并将收获节的相关活动延展到课堂，延展到我们的教育教学当中来。

事件维度

如果说要在事件的维度里去标记我们的故事，那么每一件都比较深刻，其实，这个学期的不平凡在一开始就注定了。

面对疫情，我们全力备战网课。"停课不停学"的文件要求我们把灾难

○ 珍贵的存在：一张宁静而温暖的书桌 ●

当教材，把疫情当作一场生命教育，从知识迁移到生活，把分数转化为成长。围绕这个核心精神，我们不以单一的标准衡量每个孩子，也不以一时的得失否定每个孩子，我们网课的进行也遵循这个精神。

网课期间，我们共同开设了4个类型的8门课程，分别是教学类的主题课程和拓展课程，家校类的家长课程和线上阅读，德育类的云上升旗、网络班会，还有生活类的周末电影、云上健身等。

顾明远先生说："没有爱就没有教育，没有兴趣就没有学习，教书育人在细微处，学生成长在活动中。"自李建华校长提出"六个一"的主题课程后，我们也一直在落实当中，从来没有想过停止我们的脚步。因此在今年的考试结束以后，我们通力铺排，将这个学期没有完成的任务通通装进了这张课程表。

在这有限的5天时间里，我们做了很多事情。我想艾瑞德的这群人真的不简单，一个星期就完成了孩子们对本学期所有的期待，也为本学期交上了满意的答卷。寻找夜空中最亮的星——露营节中，有地摊经济、拉歌比赛、露天电影、仰望星空等活动。"六个一"主题课程还开展了二年级"穿过一条谷"的主题课程，五年级"蹚过一条河"的主题课程，一年级畅游园博园的课程，六年级"翻过一座山"的毕业旅行。我想，每一个时刻留给孩子们的都是童年最珍贵的回忆。

当然，本学期也有一些人会被我们记住，他们是本学期产生的六位"瑞德教师"。在评选"瑞德教师"的时候，大家都有过共同的疑问，我们用什么样的衡量标准来评选？我想这六个人出现在我们视野的时候，大家都能说起他们的故事，想到他们的付出。比如，张文清老师带领的线上数学绘本的阅读，每天的点击量达到了3000多次。数学老师张文芳用将近一个学期的时间，加班加点为六年级的每一位同学绘制毕业礼物——石头画。因为学科老师的缺乏，魏静老师在疫情期间一个人顶起了这个班的全学科。王冰老师在本学期也带领学生完成了班级的"土书"。帖凯老师被我们称为

"帖护班"，帖老师在班级老师力量缺乏的时候，以综艺组老师的身份顶起了这个班级的全部，成了帖班主任，他在这个过程中所付出的努力，我们也是能看得到的。还有一年级三班的黄冬燕老师，她从六年级部转到一年级部担任语文学科组长，家长民调中支持率为百分之百。每个月的"瑞德教师"都是我校教师团队的缩影，当然他们也是我们在某一个层面的旗帜。

生命历程

如果要在生命的历程里去记录我们的拔节，我想我们个个都是"王炸"，这个词也经常出现在我们的对话里面。跟老师们聊天，大家会说这个学期的节奏很快，快到让我们不能按常理出牌，只能选择用"炸"的方式来顺利完成工作，那"炸"从何处来？

在上个学期王萌萌老师接班的时候，她的班级有一位同学英语只考了34分，而在这次期末的六年级毕业测试当中，这位同学考了90.5分。这样的孩子和老师，我知道的还有很多。他们是我们众多师生当中的一个点，他们脚踏实地、默默无闻，只是努力地在做，用这样一种默默坚守的方式换来了孩子们成绩的逆袭。

从期末的大数据来看，我们这个学期的整体低分率比上个学期降低了27%，我想这都是老师们个别辅导和分层教学的有效成果。课堂守住的是常规教学底线，学习创新激发的是学生潜能，评价改革促进的是教学质量。如何提升我们的教学质量，这里面有很多教育智慧，如分层教学、任务挑战、同伴互助、每日打卡、小组合作、个别辅导创新等，这些词都是老师们在日常教学当中常用的，也是让我们成绩得到很大提升的非常有效的一些方法。

孙超老师在带领班级的过程中，每一个学年都出一本班级的"土书"。今年出到了第三本——《不一样的三年级》。尽管这件事情大家都在做，但

○ 珍贵的存在：一张宁静而温暖的书桌 ●

是我想表达的是，这些事情都是班级文化和班级力量提升的很有效的路径。

闫素娟老师是三年级的生活老师，2011 年来到艾瑞德国际学校。之前我们之间联系较少，也少了很多故事。但在今年述职的时候，我看到了她的期末工作总结，满满的两张纸。她的字体称不上是艾瑞德国际学校最好的字体，但是我想用"认真"二字来表达。闫老师在总结当中讲到了安全、晨检、就餐的工作，所有细节都在里面有所呈现。闫老师在带领班级的过程当中，除了常规工作的坚守，她与孩子们之间也建立了深厚的情谊。这样的辅导员老师也应该成为我们小学部的典范。

在这个春天，校医成了特殊的符号，看到他们我就觉得心安。本学期校医的工作时间被无限延长，从以前的早上 6：30 到晚上 20：30，现在开始变成了 24 小时不间断地问诊、坐诊、处理相关问题。这里面所呈现的都是责任，感谢校医团队在这个春天为我们小学部保驾护航。

现在我们以年级部为单位进行管理的时候，每个年级都是一个小家庭。在年级部主任的带领下，这些家庭都形成了各自的风采和气质。为什么这样讲？如静水流深一年级，团结奋进六年级等，它们都会有一个非常好听的名字，其背后也代表着年级部的气质。年级老师如果要生宝宝，我们年级主任就会牵头欢送老师，年级里面出现任何问题，年级主任都会走到第一线去，第一时间去解决。

如果说年级部有 4 支队伍，那就是和善而坚定的班级工作组队伍、细心而坚定的生活部教师队伍，温暖而坚定的语、数、外、科学学科教师队伍和多彩而坚定的体、音、美综合组教师队伍。这样的 4 支队伍在年级主任的带领下，让我们年级走向了更加良好的状态。

虽然这个学期很短，但是我们也获得了很好的成绩。如省级的荣誉、市级的荣誉、区级的课题等，荣誉的功劳簿上写满了老师们共生共长的成长故事，记录着我们奋力前行的脚印。

在这段不平凡的路上，我们的孩子学会了如何长大，老师学会了如何精进，家长学会了如何"耐烦"。人类只有懂得了善良和尊重，才会产生最高级的文明。我想，2020年带给我们的不仅是一场疫情，更在教会人类如何学会成长。

铭记2020年，铭记这段不平凡的路，铭记携手走过这段路的你、我、他。

○ 珍贵的存在：一张宁静而温暖的书桌 ●

过大关，想大事

2020 年已进入倒计时。在这个不同寻常的年份里，我们同呼吸共命运，一起经历了不少未曾想过的大事。于育人而言，我们更是经历了一场又一场前所未有的大考验。但凡经历，必有所得。我们努力用"学、变、思、做"这套组合拳，在不确定的未知中，努力做不负时代的自己。

上周末我们听取了蒲公英教育智库集团总裁李斌发布的 2020 年全球基础教育年度风向标。这场超越普通教育人的大视角、大发现给人很多启发。李斌先生说："年度风向标的首要意义就是帮助一线教育工作者去'想点大事'。"

我们每个人都生活在比自己大得多的地球上，每所学校都处在更大的社会里，每位教育人都不得不面对超出自身感受的事件和趋势，每堂课都需要在更大的社会意义中去寻找坐标……大的认知框架和思维格局，才是教育管理者、研究者、探索者去捕捉学校变革核心问题的前提。

这一年我总有一种被不断拉长的感觉，视野不断扩大，认知不断更新，思维不断跳跃，行动不断延展……我被袭来的一切启发着、影响着、扩大着。

有幸参加集团关于学校品牌发展的研讨会，颇受启发。风雨十年，沉淀深思，立足迭代发展的十年，我们的视野被无限拉长。一路走来，学校发展态势平稳渐进，从最开始的品牌宣传到逐步夯实起来的品质，再到如今形成的特色品位，都是艾瑞德教育的独特印记。艾瑞德如何在 2021 年再次出发，是下一步我们需要过的大关、想的大事。

在李建华校长的影响下，我们提高眼光，放大格局，靠前行走，用小学校的力量落实国家文件的大精神。但凡有关于教育的新文件出台，李校长总要第一时间带领大家学习。

在做劳动教育时，以《中共中央 国务院关于全面加强新时代大中小学劳动教育的意见》《大中小学劳动教育指导纲要（试行）》作为指导思想和行动纲领。关于学生评价则参照《深化新时代教育评价改革总体方案》，深刻理解和落实其内在精神。在改革学生作业的当口，又重新学习 2018 年出台的《中小学生减负措施》，逐条对照，一一解读、转化。

叶澜老师发表的《探教育之所"是"创学校全面育人新生活》一文，不仅加深了我们对于综合活动的理解，更带来了将二十四节气与学生成长活动有机结合的启发。

《人民教育》《河南教育》《小学教学》《中国教育报》《中国教师报》等都是我们思维的起点与参照的样本。将小事情与大趋势努力结合的过程，也是我们成长与发展的过程。

过大关，想大事，是意识里的趋向大局，是行动里的向下延展。

立足学校文化理念，落实儿童成长目标，是我们的大事，也是大关。我们努力不断提出新话题，解决老问题，实现新突破。我们知道，抓住每个阶段的价值意识并努力落实，是积累勃发的关键。

以"自然生长课堂的深化改革、轻量高质科学的作业设计、综合活动的一揽子统整"为抓手的小变量，将会持续成为我们近期和下阶段工作的重点。

教师要注重课前基于关系的相遇与对话，课中基于自主的探索与发现、基于合作的互动与体验、基于理解的分享与表达，课后基于发展的激励与评价，要用有形的呈现来聚焦看不见的育人。小组学习、探究活动、观课议课等有设计感的学习方式要成为主流。我们要简化课堂流程，缩短讲授时间，还时间给孩子，在问题、情景、展示中让学生与一切对话，使他们习得知识、技能，感悟情感态度价值观。

家庭作业是家校矛盾的主要起因，作业数量大、学生不会做是主要问题。从根本上控制作业量，需要从班级工作组入手，学科老师的作业统整很有必要。班主任在统一把控作业总量时，有权调剂各学科作业量，以实现以学生为主的个性化作业安排，避免重复和无效的时间浪费，加重孩子负担。学生不会做作业的问题，需要多方看待，首先，要注重教学与作业的一致性，教什么、学什么，就做什么，杜绝两张皮和超前超纲的作业。其次，要加强以学生为主体的个性化作业的实施，从学生的基础起点出发，以最近发展区为范围来布置作业。再次，要提高课程效率和质量，避免向课下要质量的教学方法。纸质手写作业要向实践体验作业不断倾斜。还要重视体育作业、劳动作业、读书作业在学生成长中的重要性。

用活动来育人是我们一贯的初心。近些年来，立足学生素养发展的各类型活动精彩纷呈，成效卓著，并基本完成了三年以上的实践循环。我们要秉持更高育人价值的追求，不断反思实践经验，打破德育活动与教学活动的功能属性，打破学科间活动的知识属性，打破单一活动的目的属性，走向综合活动育人价值的充分实现。综合活动需要以学生的成长为起点，以主题和项目为活动构架，以学生的主动参与、责任承担和积极发展为原则，强调合作、平等、相互欣赏、相互成全的对话方式。要以二十四节气为整合学校综合活动的适切系统，将综合活动以主题为单位镶嵌在其中，让学生跟随节气的春生、夏长、秋收、冬藏，完成个人生命的成长。

无论是课堂深化、作业改革，还是综合活动的重新定义，都需要评价导向的迁移。我们将加入高新区一体化综合素质评价实践研究，在更高层级的教育指导中就综合素质评价做出科学有效、可参照、可对比、可发展的方案。针对教师评价，我们也会从月度考核入手，实现教、学、评的一致性。

人是社会的基本组织，如何定位自己与社会的关系、与国家的关系、与价值的关系，将决定我们时时刻刻的选择。我们要过大关、想大事，在小小世界里做出属于自己的大事。

澄澈的生活

每天都有故事在发生，也有情感在升腾。或许我们记不住太多的人和事，但是感受就像肌肉记忆一样，会留存在身体里，成为另一种记忆。你所看到的无非是内心的投射，你所经历的都是提前写好的故事。那两年写日记的老师少，我写，纯粹是为了方便与家长互动，减少一些无谓的消耗。现在再来翻阅这些日记，有些许羞涩，也有些许庆幸。羞涩于流水账似的日记，文字功底欠佳；庆幸于走过的足迹有迹可循，也让每一步都趋向我所热爱的、澄澈的生活。

工具思维

前段时间我在网上买了一个简易置物架，孩子很兴奋，主动承担起拼装的任务。一颗螺丝钉对准一个小孔，孩子用细细嫩嫩的小手，费劲地拧起来。我也乐得其所，不管不问。听着外边的响声，我反而有些享受。

作品完成后，小姑娘兴奋地召集全家人来欣赏她的成果。我们也借机采访她的劳动心得，她故弄玄虚地说："你们知道要完成这个拼装，最重要的是什么吗？"我们应和着各种答案。她一本正经地说："除了看懂图纸和耐心以外，最重要的是要有一个合适的工具。用工具比我直接用手拧，要少用很多劲儿，而且能拧紧。还是爷爷比较厉害，帮我找到了这么好的工具。"借着这次机会，她还主动要求把家里工具箱里的工具全部认识一遍。

各行各业的工种，都需要借助工具来完成工作，适合的工具显得尤为重要。对于教育行业也毫不例外，从某种意义上说，教学是一门技术活儿。教师也应该运用适合的工具来开展自己的工作。但现实情况是，我们在工具的运用上，远比想象中差得远。是技术差距吗？我想应该是思维的差距，工具思维在我们意识中鲜少出现。

阿基米德曾经说过，给我一个支点，我可以撬动整个地球。这句话听起来荒谬，但有实实在在的物理原理支撑。这个原理就是大家在初中物理中学过的"杠杆原理"。从理论上推导，只要能在太空中找一个支点，然后有一根足够长、刚性足够的杠杆，阿基米德的确可以凭借一己之力，撬动地球。工具是什么？我们的小学课本里讲，工具是手的延伸。但我更喜欢阿基米德这个例子。比如，工具就是杠杆——通过杠杆，你可以把自己的能力放大一万倍。

这是典型的工具思维。阿基米德说要撬动地球，并非因为他是疯子，而是他意识到"杠杆"这种工具背后巨大的力量。与其说他疯了，不如说他感受到了一种工具的伟大力量。如果我们仔细思考，就会发现工具思维威力无穷。

受疫情影响，不开学的日子里，"停课不停学"的线上学习成为老师和学生新的学习方式。在不得不上线的环境里，技术工具的探讨也瞬间变成热门话题。钉钉办公软件可谓一夜之间爆红。

如何将课程内容清晰、有效地呈现在孩子们面前，各位老师"八仙过海，各显神通"，各类办公软件开始频繁地出现在我们的视野中，工具思维也开始显现出来。记得第一次教职工线上会议，英语老师牛云云用一张思维导图，闪亮了大家的眼睛。接踵而来的网络直播、视频制作、公众号编辑、问卷星调查等一些新工具，都融入了教师的常态工作。连每日疫情报表的填写，也因为使用了在线编辑而无须花大把时间进行整理。一段时间的适应后，我们几乎不敢相信当下的变化，之后每项工作开始前，大家都会首先思考用什么样的工具，才能达到最好的效果。

荀子曾说："君子生非异也，善假于物也。"意思是说，君子的资质与一般人没有什么区别，他只是善于利用外物。可见，善于利用已有的条件，是君子成功的一个重要途径。

我们处在一个变革的时代。十年内，我们的办公软件已经经历了一次又一次的升级，这不会是最后一次，思维方式更处在变革的风口浪尖。当下，各种工具促进着教师的专业发展，搭建着家校沟通的桥梁，也服务着儿童的成长。

○ 珍贵的存在：一张宁静而温暖的书桌 ●

三买馄饨皮儿

新年的钟声越来越近了，归途中的游子越来越热切了，临街店铺基本关得差不多了，小区院里的红灯笼又一次亮起来了，郑州这座城市也开始进入放假状态了。

年，开始了！

看到朋友圈里的好友一半回老家，一半去旅游，一些晒厨艺，一些去杀鸡，各自都在热火朝天地"搞事情"，我多少还有点羡慕之意，总觉得这样年味儿更足些。望着窗外冷清的街道，听着寥寥无几的车声，这个城市平静得让人难以相信。好在自己已经不是孩子了，知道这样的平静与慵懒是一年中少有的。我总会感慨，时光快得不留情面，殊不知，每时每刻都可以因人因事而被无限拉长。

晚上九点钟，院里极其安静，我忘记带门卡，又不想请保安来帮忙，就站在冷风里等着。雪后的冷风真是刺骨，我恨不得将自己整个身体全部都装进大衣。

一进门洞，就撞见一个小姑娘，她正举着一部手机，请我帮忙。看样子，她不过六岁左右，身高比我家姑娘还要矮些。灯光不亮，看不清容貌，声音听上去还是很笃定的。原来，她是请我帮忙取快递。我踮起脚尖，把头顶上方那个开着门的快递取给她，顺手关掉了快递门。我好奇地与她聊了几句，得知是她的爸爸委派她来取快递的，她自己会输入快递码，只是打开门之后发现够不着。看着她从门洞跑走的身影，我陡然发现，她竟然不在这栋楼里住。这么晚让孩子独自来取快递，看来这也是一位胆大心大的父亲。

看着她的身影消失在黑夜里，与20多年前的我颇有几分相似。那个时候，小伙伴们都觉得我胆大，殊不知，我只是跑得快，跑向光亮、跑往人群、跑回家。

上午的时候，只有我和姑娘在家。一般不做饭的我，不能委屈姑娘跟我喝西北风，就想包个小馄饨吧，好吃也不难做。我带着女儿穿戴整齐一路下楼寻找开门的菜店，好在商场还算敬业，依旧在营业。没有什么配比经验，就凭感觉买吧。我买了10元的肉馅、3元的馄饨皮、1元的香菜，开工了。

包着包着我就觉得不对劲，肉还剩余一大半，皮儿已见底。剩余的怎么办呢？若是一次性包完放进冰箱，还能省去多做一次饭的工夫。懒妈配勤孩儿，我鼓励姑娘去刚才的生鲜超市买皮儿。超市离家500米左右，上下电梯，刷卡出门，超市结账等一系列问题，看似都不难，只是我不免还是有些担心。姑娘一脸兴奋地答应了，为使我安心，她还搬出了班主任王老师，说王老师带他们去过很多次超市。对呀，我想到自己六岁的时候就能骑自行车过马路去买东西了！手里握着两块钱的她兴奋地奔跑出门了。其间，奶奶回来了，听闻此事，她一刻也坐不住，循着小姑娘的足迹追去了。也好，虽然我没劝住她，但是总归让我更安心些。不一会儿，我听到了楼道里的跑步声，回来了！她高举着一盒馄饨皮，像一个胜利的小将军。

"怎么这么快就回来了？"

"我跑得很快！"

"太好了，继续开工。"

"妈妈，我怎么觉得还是不够啊！"

○ 珍贵的存在：一张宁静而温暖的书桌 ●

"是的，预算失误，真的不够！"

"那是不是又该我这个'快递小哥'出马了呢？"

她又揣着两块钱出门了。本该越来越放心的，殊不知，左等右等却总不见人，我有点坐不住了。穿上鞋子准备出门去找，刚下了电梯，看到她不慌不忙溜溜达达地回来了。

"这次怎么这么慢啊？"

她若无其事答道："我在那儿多逛了一会儿。"

看来她内心对此已无任何恐惧，可以坦然面对自己独自出门的情况了！

外边的世界，我们无法决定，内心的世界，却可以自己掌控。让内心变得充盈而有力量，人也就真正长大了。

三买馄饨皮儿，给了小姑娘几次锻炼的机会，也给了大人见证成长的瞬间。

边扫边落的叶子

今天是农历二十四节气中的"小雪"，细雨，微风。

入冬后没有刺骨的寒风，树枝也不像往年那般干枯。洒水车已经变成了马路的标配，不论哪个时间段出门总能听到"刺刺啦啦"的喷水声。街道上的行人依旧脚步匆匆，却少有紧捂衣服、埋头赶路的。

我骑着单车，戴着耳机，行在路上。

道路两旁的法国梧桐，深黄的叶子挂满枝头。抬头望去，一条街都被映成黄色的海洋，如油画般温暖清朗，颇有"天街小雨润如酥"的感觉。

树下的环卫工人拿着特制的工具，一片一片地捡拾落在地上的黄叶，一张一夹，娴熟轻巧，如果配上音乐，一定是一曲不错的圆舞曲。橘黄的马甲与黄色叶子属同一色系，毫无违和感。

提到冬季，印象中多是白茫茫的一片，我们也习惯把白色视为冬季的标准色。而今天街道上的色彩，真是呈现了另一种不言而喻的美好。

沿路走来，与细雨微风相伴，时不时有落叶垂下，轻轻飘落。偶有叶子落在身上，我便觉幸运至极。能在叶子落地前与它有一次擦肩，也是彼此的缘分。

我边走边瞧，心中的问号就越强烈。我看着其中一位环卫工人极其认真地捡拾着落叶，可是他边捡，叶子边落，几分钟时间里他只是在原地打转。我心里不禁发问：如此重复又不见效果的工作会有成就感吗？他的内心又会是怎样的一种状态呢？这不禁让我想起一次带女儿在商场的洗手间里洗手的事。因为洗手时水压过大，水花四溅，保洁阿姨十分不满，嘟嘟囔囔地说："我刚擦完，又溅脏了。"我不好意思地连忙道歉。

捡拾落叶的大爷与那位保洁阿姨的心态相同吗？如果相同，那该有多么难过啊！

带着问题，我继续往前走。绿化带里的工人不少，都在忙着铺草皮。我也慢慢看懂了，这位大爷是在为后面铺草皮的工人做前期工作。清扫干净落叶，才能铺设草皮。

这是多么有意义的工作啊！

我突然有种被撑大的感觉，时间与空间的距离被拉开，将个人价值放在岁月长河里去慢慢衡量，才可以找寻到更加准确的存在价值和意义。在哲学思维里，1+1或许真的不等于2，1−1也未必等于0。时光漫长，不需要急切地寻找答案，滋味众多，也别盲目定性自己的喜好。得失一念，更不必患得患失。

尽管我们始终难逃对价值感、成就感、归属感的追求，或者始终想将这些定义为我们的人生意义，但是，我们可以无限地延伸生命的长度、眼界的宽度、心态的广度，用深深的热爱去等待不会那么快到来的意义。

医者仁心　师者匠心

　　中午时分，我与一位建筑工人一前一后进了一家诊所。量体温间见证了一个令人心疼又感动的瞬间。

　　看样貌，这位工人应该是附近商场的室外装修工人，正利用午饭的时间来看病。坐在大夫一侧的他，无精打采，直不起头的样子。通过大夫的询问得知，他头晕、无力、浑身酸软。

　　今天是他第二次来看病，昨天吃了点药，效果不明显，今天想利用午饭时间输液。确定了治疗方案，大夫进里间配药，他坐在长凳上等候，其间他问大夫需要多少钱，因为手机快没电了，他想提前付账。大夫出来后看到他坐在长椅上，便问："你头晕，不要躺下来输液吗？"50 岁的他有点难为情地回应："我也想躺下来，就是身上太脏了。"说话时，他身体向前倾了一下，又回到了原来的姿势。大夫放下手里的药瓶，去里间拿了一次性床单，找了个最凉快的床位铺了上去，铺好后扭头说："来吧，这下你可以放心了！"

　　之前曾看到过农民工因衣服脏不肯坐在地铁座位上的新闻，今天目睹此事才知原来如此真实。尽管社会舆论对底层劳动人民的支持与尊重足够强烈，却很难消除他们心里的尴尬情绪。人生而平等，需要被特殊照顾的人必然会成为弱势群体或特殊群体。如果仅用关照与呼吁来对待他们，其

　　　　○　珍贵的存在：一张宁静而温暖的书桌　●

实也是变相的歧视。提高农民工的工作条件与生活质量，让他们敢于并乐于平等地与社会交流，成为一个与其他群体无异的群体，似乎更实际些。

此事也更新了我对楼下诊所的印象。这位大夫话虽不多，却用实际行动照顾了病人的情绪。这张单薄的床单给了病人心理上的安慰，解除了他不想给别人添麻烦的顾虑。

医者仁心，医术可以治疗身体，就像钱财能改善生活条件一样。而真正可贵的是仁心，是一份你心似我心的体谅。

这让我想到了正在如火如荼进行的暑期校园改造工程。在众多的项目中，一间母婴室正在装修。这听来可能会有些不可思议吧！母婴室会在机场、商场等地进入我们的视线，它的存在是对这个群体的尊重和保护。而在艾瑞德，每位老师都是珍贵的存在，母婴室贴心的设计是对老师们存在的表达，也是一份份深深的尊重。无论是医者还是师者，心的可贵永远比技术重要。

医者需要仁心，师者需要匠心。

示范与传承是同义词

鼓角梅花添一部，五更欢笑拜新年。大年初二，是姑娘回门的日子。从今天开始，走亲访友、恭贺新年的春节仪式也正式拉开序幕。自然，我也不例外！姥姥家、妈妈家、干妈家，都安排在今天。因为是惯例，时间虽有些紧张，却也不忙乱！

小时候，每逢初二去姥姥家，爸妈各骑一辆自行车，我坐其中一辆，路上还会遇到好多熟人，走走停停一直打招呼。具体带些什么礼物就不太记得了，但每次返回时，姥姥都会煮些饺子给我们带回，妈妈推说不要，姥姥就会说："一定要带，不然你婆婆会笑话的。"当时我搞不清楚是何意，也就把它当成了过年的习俗。姥姥有四个孩子，每次团聚都是一大家子。看着满院子的自行车，姥姥都会笑着感慨："如果这院子里停的都是摩托车就好了！"没过两年，姥姥的愿望就真的实现了，我们家从三口变成了四口，一家四口坐一辆大阳摩托车去姥姥家，总是特别挤，好在路途比较近，也算踏实。后来，条件更好了，三轮摩托、四轮奔马车，方便了许多。如今，汽车川流不息，却遭遇了停车难。每次回去，姥爷都会提前下楼，四处张望，帮我们找好位置。不过，儿时边走边聊，走走停停的路途却令人怀念不已。

近些年，弘扬中华优秀传统文化的呼声越来越高，春节作为最为重要的传统佳节也备受重视。我们从"左手一只鸡，右手一只鸭"的求温饱时代迈入了"你结婚了吗？什么时候生孩子？"的催婚催生的小康时代。近两年来，各路"虎妈猫爸"也加入春节大潮，提前训练娃娃，各类拜年吉祥语、磕头鞠躬作揖礼，全套上阵。他们想用娃娃的出色表现作为炫耀的资本，实则最后仅以逗乐了之。

今天，六岁孩子的恼怒之言，令人反思。

小侄子刚刚六岁，能说善道，语出惊人。大年初一给爷爷奶奶拜年时，他羞于磕头而委屈哭了，后被父母精心教导。今天，他进门看到老姥娘，大大方方地磕头拜年，随后老姥爷进来，又来了一遍。在爸爸妈妈的暗示下，他又给爷爷奶奶分别拜年，当得知还要向我这个姑姑拜年时，他彻底崩溃了："还有多少人？全部进来，我一起磕头。"他两眼泪花顺流直下，那委屈的表情逗乐了全家人。随后，他自己回到房间，钻进被窝里发起脾气来。我安慰了几句不见效，好在他好得也快，不一会儿就出来，悄悄走到我的跟前说："姑姑，你不是有话要跟我说吗？"这一举动瞬间让我非常感动，我把他抱在腿上问："为什么想听姑姑说？"他答："奶奶说你是老师，你说的都对。"我感叹，这就是做老师的优势。我们俩关起门来，开始聊天。我问他，知不知道为什么要磕头拜年，他只说是爸爸妈妈让他这么做的。是啊，孩子不知其所以然，也不曾见过此举，稀里糊涂地按部就班，着实是为难啊！我给他讲了我小时候给爷爷奶奶拜年的故事，并告诉他："长辈的年龄都比较大，拜年是祝福他们身体健康、长命百岁，永远能陪在我们身边。"他似懂非懂地点点头说："姑姑，你也会老吗？""傻孩子，当然会的。"我笑了。"那我给你磕头吧，这样你就不会老了。"哈哈，真是太可爱！

这不禁让我想起了"二十四孝图"。"孝"是儒家伦理思想的核心，是千百年来中国社会维系家庭关系的道德准则，是一辈又一辈人以身示范传承下来的宝贵财富。

爷爷是工人出身，每月都有不少退休金，吃喝不愁。奶奶去世后，爷爷独自居住，吃饭则是在四家轮流。因为家里做生意，妈妈回家做饭的时间不固定，本想把家里的钥匙给爷爷一把，可他死活都不要。一次回家，发现爷爷蹲在家门口的墙根儿，吸着烟等待，妈妈的眼泪瞬间流了下来。自此，她无论多忙都会准点回家做饭。现在回忆起来，妈妈的眼圈仍会红红的。一路看着爸妈如何在爷爷奶奶生病时尽心尽力，我的内心特别感慨，也觉得自己生在有福之家。父母都是高中生，谈不上有文化，可他们却给了我最好的教育氛围。

我深知，传承的同义词是示范。我时刻警示自己，如果不知如何教育孩子，就用示范来表达。生活如此，工作如此，做人亦如此。

梦里写文

我此刻坐在被窝里敲键盘，只是因为做了一个梦。尽管以最快的速度醒来，梦里的构思却已被我忘得点滴不剩。梦真的是太奇妙了，明明深刻存在，却又缥缈无痕。

看着键盘，我有些失望和懊恼，不知从何写起，没有思路。想到张德芬曾在《遇见未知的自己》里说，所有的事件都会随时间而淡去，唯有经历时的感受会伴随一生。借此来自我安慰吧！

从感觉来判断，这个梦应该与昨晚的电影有关。《少年的你》在电影院已经下线，听说值得一看，就在手机上看了。电影里的主人公是一群高三的学生，讲述的是高考前夕，两个被一场校园意外事件改变命运的少年，如何守护彼此而成为想成为的成年人的故事。这样的一部电影，让人不想看第二遍，内心充斥着刺痛感与惋惜感。无论是霸凌者还是被霸凌者，他们都把美好的少年时光埋葬给了孤独、扭曲、冰冷的心。

电影里的几个主要人物都是家庭残缺或是缺少关爱的少年。因家庭残缺而成了被欺凌的对象，被压抑久了又成了施暴的刽子手。印象深刻的是魏莱哀求陈念不要报警时说："我不能再复读了，我爸已经一年多没有跟我说过话了。"一个家庭条件优越的乖乖女为何变成了内心扭曲的施暴者？我想这一句话里就有踪迹可循。

父母的关爱与支持就像一个方向盘，左右着一个孩子真善美的成长路径。

我的梦里还出现了另一个高中生，准确来说现在已经是一名大一的学生。

周五凌晨，因为要参加三年级"让城市在爱中醒来"的主题活动，我四点出了门。黑漆漆的夜空还没有要醒来的迹象，安静的路总显得孤单。陈晓红主任朋友圈里的那篇《故乡知几许》勾起了我无限的遐想，一路上循环播放，听着作者的声音，我有了陪伴感和共鸣感。

这篇文章的作者是一位从小在郑州生活的"00后"，她的母亲晓红姐与我同事九年，我与她也偶尔见面，交流不多。听晓红姐说，她一直都想用考大学的方式，去看看外面的世界。她在今年的高考中圆梦天津大学。这篇《故乡知几许》的公众号文章是在她入学三个月后写的，文章的字里行间写满了对故乡的深深眷恋和对自我记忆的寻找。故乡题材的作品不少，光大师的文章就琳琅满目。一位18岁的小姑娘以自身的体会与城市对话，交融出了故乡在自己生命中的意义。

我们经常羡慕晓红姐能培养出如此优秀的女儿，也请她介绍经验。她总是笑意浓浓地说："是孩子成就了我，我与孩子互为师。"我没有去探究什么样的家庭氛围能培养出优秀的孩子，但我知道，平和与喜悦让孩子有了归属感，孩子不惧怕、不孤独就够了！

简单互助的家庭，让孩子有了内在力量，他们前行有光，后退有门。

写到此刻，我依然意犹未尽。这些文字虽然与梦里那个构思截然不同，但感觉平和了许多。每天都有故事在发生，也有情感在升腾，或许我们记不住太多的人和事，但是感受就像肌肉记忆一样，会留存在身体里，成为另一种记忆。

如果你觉得白天无暇思考，那就开始做梦吧！

秋意阅读

又一个周一准点到来，一早便觉秋意凉。上班的路，每天依旧，开车时，总会臆想变成两个人。一个人按部就班地开车，不用导航，不必刻意。另一个人则抽离出来，插上思绪的翅膀，有时做命题思考，有时也胡思乱想。神思游离的感觉虽怪怪的，但也会带来不少惊喜，不经意间有了工作的思路，转换间有了透亮的感悟。这样的游离，让人有些后怕，我对此却无比享受。正如《千与千寻》片尾，千寻一个人坐上电车。宫崎骏说："比起无脸男大闹或者和汤婆婆交战，对孩子而言，最重要的是一个人坐上电车，展开充满期待的旅程。"

看着路上熙熙攘攘的车流，我突然有些恍惚，被梦想叫醒的早晨似乎都带着某种使命，或是物质，或是精神，无论哪种，都是不可亵渎的珍贵时光。有时内心的充盈会让一个人高大起来，尽管外表看不出什么。行在清晨的路上，我敬畏每一个如此拼命的生命。

在几位朋友的介绍和影响下，我开始读唐浩明写的《曾国藩》。唐浩明坦言，要借文学元素来写晚清。要写晚清的人物，必须要写出他们的内心世界。走进他们的灵魂深处，也便走进了那个时代的灵魂深处。历史的客观阐述加上合理的想象，让这一历史著作有了活灵活现的对话感，读者跟着书中的精神来读，跟着情节读，或者按想象读，才是对作品最高规格的致意。

在近两年的面试中，我不断听到有老师提及《钢铁是怎样炼成的》这本书。这本书经久不衰，保尔·柯察金更是无数人心中的励志英雄，他拥有为理想而献身的精神、钢铁般的意志和顽强奋斗的高贵品质。他惊心动魄的经历与读者相隔甚远，读者却又不断地与之产生共鸣，不断被感动着。我们每天叫嚣着生活的苦累，无非是心中的"灵魂"在不停地动摇，又不断地想要宣泄。与其这样，不如学学保尔·柯察金，默默地接受困难，把它当作人生的经历。灵魂不再摇摆，也便有了坚持的意义。

我参加了一位穆斯林的葬礼，敬畏感满满。为了满足想象力，我捧起了《穆斯林的葬礼》，开始了好奇的探索之旅。写在书前的这句话——"一个穆斯林家族，六十年间的兴衰，三代人命运的沉浮，两个发生在不同时代、有着不同内容却又交错扭结的爱情悲剧"，完整地概括了这本书的主要内容：一个民族的执着与顽强，一家人的多灾多难，一个时代的命运缩影，一群人的生活状态。患难使人的思想单纯，友谊把人的灵魂净化。读这部小说的时候，内心不乏纠结与挣扎，但也经历了一次心灵的洗礼和净化。

不知从何时开始，读书似乎有了一种单纯与作者对话的倾向。通过阅读，我们进入不同时空，进入他人世界，探求作品背后作者的细腻思考。和他们的对话，就如水漫过脚背，微凉的触感驱走烦躁，缓缓地流向宁静。

○ 珍贵的存在：一张宁静而温暖的书桌 ●

南渡不只是南渡

战火硝烟里放不下一张宁静的书桌，也不曾给人一丝喘息的机会。

1938 年 1 月中旬，长沙临时大学迁往昆明，继续南渡。

师生分三路赶往昆明。

第一批走水路，体弱不适合步行的男生和全体女生共计 600 人，分批经粤汉铁路至广州取道中国香港，坐海船到安南（越南）海防，由滇越铁路到蒙自、昆明。

第二批乘汽车经桂林、柳州、南宁取道镇南关进入河内，转乘滇越铁路抵达蒙自、昆明。

第三批为"湘黔滇旅行团"，由近 300 名学生和 11 名教师组成。一路经湘西穿越贵州，翻山越岭，夜宿晓行，跋涉 1600 余公里，日夜兼行 68 天，至昆明。

68 天的长途跋涉使师生们真正走出了象牙塔，进入到书本之外的大千世界。一路上师生们拜访苗寨，调查社会与民众生活，切身感受到国家经济的落后与百姓生活的艰辛。随行的教授们就地取材，边行路，边上课。

袁复礼教授结合湘西、黔东一带的地形地貌，讲解河流、岩石的构造形成。闻一多先生指导学生收集当地民歌民谣，研究不同民族的语言，并对当地的风土人情进行写生。北大化学系教授曾昭抡，更是令人敬畏。他每天自清晨走到傍晚，不走小路捷径，而是沿盘山的砂石公路走，每当休息时就坐下来写日记。当学生们披着星光走了二三十里路时，曾教授已经坐在路边的公里标记石碑上写日记了，他每天至少早起一两个小时。

在整个旅途跋涉中，旅行团师生们写下了一本又一本日记、观察心得，画出了一幅幅画作，学生钱能欣到达昆明后，将自己的旅行日记整理成《西南三千五百里》一书出版。歌谣采访组学生刘兆吉将收集的几百首民歌汇集成《西南采风录》一书，为当地的历史文化留下了丰富的史料。护校队员查良铮，也就是后来著名的诗人穆旦，创作了名动一时的《出发》《原野上走路》等"三千里步行"系列诗篇。

本是逃难式的南渡，却走出了一条中国学者自强不息、追求进步的大道，这是中国文化的脊梁，亦是"刚毅坚卓"西南联大校训的写照。

行走与写作都是动词，行走是身体的远行，写作是思维的远行。

2014 年，我带三年级，学生们大多 9 岁。暑假时，第一次带他们远行中国台湾研学。天气湿热，酷暑难耐，我把心思花在照顾他们上，得空会做些记录。2015 年冬，厦门研学，我们再次出发。这次学生人数超过了 100 人，我的压力也空前大。平安带团是第一要务，我不敢有丝毫懈怠。我只能在学生安睡后，抱着电脑坐在酒店大堂蹭着网络写研学日记，每天一篇，在凌晨时分发布在微信上与家长互动，使他们安心。后来无论多晚家长都守着手机等待研学日记，这使我压力更增，同事笑言我是给自己挖了坑。虽有些后悔，却也无奈，我只得硬着头皮坚持写。一周研学，八篇日记，一万多字助我顺利带团。后来，学校的微信平台推送了我的文章《游学吧，少年》（那个时候还叫"游学"），我也第一次尝到了文字带来的力量。

那两年写研学日记的老师少，我写，纯粹是为了方便与家长互动，减少一些无谓的消耗。现在再来翻阅这些日记，有些许羞涩，也有些许庆幸。羞涩于流水账似的日记，文字功底欠佳，也庆幸于走过的足迹有迹可循。

一段又一段"南渡"路，走的不仅仅是路，也走出了中华民族精神文

○ 珍贵的存在：一张宁静而温暖的书桌 ●

化的命脉。

　　万里长征，辞却了五朝宫阙。暂驻足衡山湘水，又成离别。绝徼移栽桢干质，九州遍洒黎元血。尽笳吹、弦诵在山城，情弥切。

　　千秋耻，终当雪。中兴业，须人杰。便一成三户，壮怀难折。多难殷忧新国运，动心忍性希前哲。待驱除仇寇，复神京，还燕碣。

朋友圈要天天发，有人挂念

晚上20：59，手机里传来了微信视频电话的声音，是爸爸打来的，接通以后出现妈妈的影像。还没等我开口问，妈妈就说："你爸催着我给你打电话，还让用他的手机。"我一边笑着回应，一边听妈妈替爸爸问我："怎么今天没发朋友圈？是太忙了还是太累了？"

我赶忙解释起来。还好是视频电话，可以看得到我，不然准会怀疑我没讲真话。这一段忙碌，周末总想睡个天昏地暗，就放慢了回去的脚步。因为离得近，心自然也放宽了，想着：都好，就好！

上周五出差去北京，因为是当天往返，就没有跟父母报备。但在坐上高铁的那一刻还是鬼使神差地给妈妈打了个电话，无人接听。十分钟后，妈妈回了过来，着急问我："这么早就打电话，怎么了？"我慢条斯理地说："我去北京了。""一个人吗？"妈妈回问。"是的。"我说。她说："我一早去锻炼身体，走到了地方，发现没带手机，总觉得哪里不对，就又回去拿了，原来是你出差了！"我笑着说："妈妈迷信！"妈妈说："这叫心电感应！"

2008年师范毕业，同学们各奔东西，和我一样入小学做老师的不少，真正联系互动的不多，偶尔朋友圈点赞。忙碌的节奏中，大家觉得不常互动也属正常。偶然，一位在东区公立学校的同学发来信息说："每天读你的

○ 珍贵的存在：一张宁静而温暖的书桌 ●

朋友圈是我们最重要的精神食粮。"我有点愣住了，本以为她有吹捧之意，但是随后的聊天让我感受到了我的朋友圈对她的影响。

随着"社会舆论信息化，社交活动手机化，朋友交往圈子化"，每天的朋友圈无形中演变成了我们生活动态的展示窗口。可视的微信步数、随时随地的地址显示、阴晴圆缺的心情表达，让我们成为可视的、无处遁形的圈子共同体。或许，连我们自己都没有意识到，彼此的关注更多的是通过朋友圈。

有的时候，我会觉得发朋友圈很累，看朋友圈也很累，偶尔想给自己放个假，却不想原来有这么多人关注。朋友圈已经成为我们的形象标志，受时间与空间局限的快节奏生活，用动态来表达"我在，我很好，你好吗？"也是适宜的互动方式。

开好朋友圈，经营好生活，写好教育故事，让默默关注的人知道，我很好！为生活加油，为工作点赞，彼此支持，相互问好！

朋友圈里见！

留有余地

今天的开篇想抛一个问题：一件衣服两个号都能穿，你会买大号还是买小号？

这个看似无聊的问题，关系着我最近的新发现。昨天晚上在万达试了条裤子，两个号都可以穿，最后买了大号。没有权衡对比，只是貌似本能地做了选择。今天又恰逢方便，试了一条裙子的两个号码，最后又毫无悬念地选择了大号。不知道有没有和我有相同选择的伙伴呢？

在试衣间换衣服的时候，两位营业员的窃窃私语引起了我的注意。一位营业员不解地问："她怎么这么奇怪？竟然选了大号的，还没遇见过这样的顾客。"另一位营业员谨慎地回答："每个顾客的需求都不一样，有人喜欢紧致，有人喜欢留有余地。"难道我是后者，希望留有余地？我瞬间愣住了，从小就喜欢自己挑衣服的我，但凡小号能穿上，绝不多试大号。而现在竟然会不假思索地买大号，真是奇怪的变化。

记得之前跟妈妈一起为姥姥选衣服时，妈妈都会尽量选大一号，说这样穿着舒服，不受罪，默认了选大一号代表着老年人的价值取向，莫不是我提前进入老年期了？

回过头来，仔细琢磨面对大小号选择时的心态，我发现以前选择的标准就是好看、流行，其他都次之，即便不舒服也无所谓。随着阅历的增加、生活态度的成熟、自我认知的逐渐深入，我开始越来越关注衣服与我的关系，衣服是否舒服、是否得体，穿时是否留有余地，我是否愿意再穿，成了新的标准。我也渐渐发现，竟有第二年，甚至第三年还愿意再穿的衣服挂在衣柜最显眼的位置。原来衣服也是可以积累。

在这 30 年的生活中，我有两次搬家的经历，其中一次是结婚。结婚以后，留在家里满满一柜子没有带走的衣服被妈妈四散送人。这些衣服不是因为穿不上，而是因为我对它们没有任何留恋之感，或者说过时的居多。在买衣服的时候，也从未想过这件衣服会跟随我多久。

不仅衣服大小号的选择值得思考，细细想来每一个选择背后都有价值取向在支撑。留有余地的选择会给我们调整的可能和发展的空间。

乡村公路边有很多柿子园，金秋时节正是采摘柿子的季节，当地的农民常常会留一些成熟的柿子在树上，他们说，这是留给喜鹊的食物。

经过这里的游客都会觉得不可思议，这时，导游就会给大家讲一个故事：这里是喜鹊的栖息地，每到冬天，喜鹊们都在果树上筑巢过冬。有一年冬天特别冷，下了很大的雪，几百只找不到食物的喜鹊一夜之间都被冻死了。第二年，一种不知名的毛毛虫突然泛滥成灾，那年秋天，果园没有收获一个柿子。直到这时，人们才想起了那些喜鹊，如果有喜鹊在，就不会发生虫灾了。从那以后，每年秋天收获柿子时，人们都会留下一些柿子，作为喜鹊过冬的食物……

给别人留有余地，往往就是给自己留下生机和希望啊！

这个世界不是哪一个人的世界，而是所有人的世界，故而凡事都要留有余地。"腹中天地阔，常有渡人船。"多一分宽容，就会多一分理解；多一分善良，就会多一分希望。余地是空隙，就像桥梁下的支柱与桥体本身会留有缝隙，也像汽车的弹簧减震，更像是教育的留白。留有余地是希望能够拥有更加持久的价值。

留有余地的衣服应该会陪伴我更久。

知识春晚

　　己亥猪年已在浓浓的祝福声中渐行渐远，庚子鼠年的脚步扎扎实实地朝前迈去。辞旧迎新，展望新年，深深祈祷，殷切祝福。因为有了过年的仪式感，让年有了味道，有了幸福，有了祝福，有了想念。此刻，也依然为武汉加油，为战斗在一线的医护人员加油，感恩一切付出！

　　元旦时，罗振宇的跨年演讲"时间的朋友"延续 4 个多小时，给出了2020 年的行动方案，他提到了"我辈中人、攀岩模式、中国红利、人连接人、人点亮人、结网能力"6 个关键词。他说这是献给"我辈中人"的演讲。这场演讲所带来的价值观革新与实践思考让我们内心激荡起一层层涟漪。

　　而今日除夕，他又带着团队席卷而来，第一次用知识春晚的方式和大家一起过年。50 多位来自各行各业的奋斗者在舞台上分享他们的知识和技能，帮我们解决各自在生活和工作中遇到的挑战。针对 9 个在真实世界里最受大家关注的问题——怎么玩得好？怎么更舒心？怎么更健康？怎么更好看？怎么受欢迎？怎么找对象？怎么教好娃？怎么会挣钱？怎么有前途？知识春晚汇聚出了一份美好生活的解决方案。

　　初看到节目单时，我还是非常意外的，印象还停留在看跨年演讲时，需要边听边查阅资料的吃力状态，而这次知识春晚的题目竟然如此接地气。我满怀好奇，定好闹钟，准时收看！

14：30 知识春晚准时开播，舞台设计精致而不恢宏，生活气息与艺术气息浓厚。台下就座的人也不是很多，氛围极好。就这样，每人 5 分钟的演讲开始了。一个小话题，演讲者用朴素的语言，讲得清楚明了又极具操作性。

我印象深刻的是一位建筑师雷啸光，他分享的题目是"怎样改造家，让老人过得更舒心？"他讲到了适合老人坐的沙发条件：高度、硬度、扶手、下收空间等。还要给房间装夜灯，给马桶加扶手，给淋浴间放上浴凳。除了各种方便与安全方面的考虑外，还应该重视老人的隐私。全是细节小情，却激起了我马上做改变的意愿。

儿科医生欧茜，为观众讲了过节怎样安全逗娃。她提到，跟孩子做简单游戏，如石头剪刀布、躲猫猫等时，要蹲下来与孩子视线平齐，这些简单的互动比给孩子吃的东西更有意义。孩子是幸福开心的源头，孩子的健康平安是我们最大的心愿。

隧道女工程师张银屏带来的演讲是"怎样挖一条通向未来的隧道？"这个话题有趣，更有意义。她说，挖隧道就像搭乐高。把隧道切成小块，在工厂做好，再到现场安装，省时省力。去年 9 月，全球首条全预制拼装隧道在上海诞生，全世界只有中国做到了。没有什么比创造和改变这个世界更有意思的了。

知识春晚，没有娱乐节目，也没有明星助阵，都是一个个在一线工作的"奋斗者"在讲述。他们在各自领域身怀绝技，呈现出了中国最广大奋斗者的面貌。看他们连在一起填满生活的每一个缝隙，是一种满足，如果非要加上感情，那么这是幸福。

如果说传统晚会中演员和观众之间更像是"表演"和"观看"的关系的话，知识春晚更像是构造了"贡献者"和"参与者"的关系，没有人置身事外，无论是舞台上的人还是电视机前的我们，每一个议题都来自我们生活中的真实挑战，每一个方案都有用。罗振宇在结尾时笑谈："这样的一台知识春晚，更像是一个招工现场和工种的呈现，这让孩子们有了了解，如果遇到心仪的就行动吧！"

多余时光

"正月初一头一天，家家户户过新年，大街小巷悬灯彩，爆竹响连天……小妹过年好欢喜，换上新鞋穿新衣，从头到脚打扮好，上街去拜年……"这首《拜年》曾经火遍大江南北，是过年的背景音乐。但歌词中描述的多数热闹场景都与今年无缘了。不过这些已经不是我们所在意的了，我们唯有一个心愿：让这场疫情早日结束！

因为疫情打破了常规节奏，使得今年春节期间的我们有了许多"多余时光"。闭门谢客、足不出户的生活让平时快节奏的我们都有些不适应了。猛然间多出了这么多时间可怎么办呢？刚开始两天还好，可以补足过去一个学期短缺的睡眠，好好陪陪缺少陪伴的孩子。

弥补以后呢？彻头彻尾地过着闲云野鹤的日子也是很不容易的。

第一次感觉 100 平方米的房子，竟是如此之小！

第一次发现灶具有一个已经很久不能打火。

第一次留意到家里竟有六盆绿植！

时光慢下来的时候，才发现家里也有许多我未知的。

今年寒假学校配发了李政涛博士的《教育与永恒》，里面的文体不常见，而文章的字字句句都值得细细品味。李政涛博士在自序中写到，此书的写作，缘于《人与永恒》，周国平先生的灵思之花点燃了他对教育和永恒的探

○ 珍贵的存在：一张宁静而温暖的书桌 ●

索。于是，我心中一直惦记此书，年前的一次超市购物，竟然发现了周国平先生的书籍，欣喜不已。我将《人与永恒》《敢于孤独的勇气》《只有一个人生》三本书尽收囊中，惹得女儿不快，因我们事前约定，每人选择一样，而我"超标"了。这样我只得放弃了打算要买的榴梿，还好，一个榴梿与三本书的物质价格对等，才算侥幸过关。

除此之外，《学生综合素质评价》和《北京，北京》也在待读行列，我在几本书中来回穿梭，算是打发多余时光的重要内容吧。

关于打卡，我属于欠债型。还记得陈琳主任在朋友圈里说自己手中富卡，坐拥粮仓。真是令人佩服！不过，好在愿意偿还，也不曾有焦虑感。每天下午的时光格外静谧，我端坐书桌前，静思而诉诸笔端，尽管杂文寥寥，也算有些收获。对于写作，我从不排斥，也乐意表达，偶然无感，也就放任自流了。除了写文，我还请教了刘森，在编辑上也有些新尝试，每每算下时间，编辑文章的时间远超过写作的时间，深感编辑不易！

练字方面，我还停留在最低级的水平——"描帖"。或与这么多年当语文老师有关，每到假期，我都会提前将下个学期要学习的生字描写一遍，一则熟知，一则练字。我对于"描帖"还是兴趣颇高，书写时的思考最能产生灵感了。进步虽慢些，自当是乐趣，慢慢享受。

不夸张地讲，没有了手机，的确会降低安全感，所以我没有强行戒掉手机瘾。每到晚上 19 点多，我都会刷刷手机，看看电影。昨天凌晨 24：00，徐峥导演的贺岁大片《囧妈》上映了，尽管对于提前上映和免费手机观看，舆论声音各有不同，但作为普通观众，我还是很兴奋的。在这样的特殊时期，有一部新电影可看，极大地增加了多余时光的乐趣，应给出一份感谢！可见手机极大地填补了多余时光的缝隙。

读书、打卡、练字、刷手机，细细数来，这段时间还是非常饱满的。

环境不定，让心安定。每一分秒都是不可复制的，活在对未来的等待中，是对当下极大的不公。在多余时光里，我们要做些更多可能的事情。可以迷茫，但一定要为自己做点什么！

与光同行

继昨日郑州市新冠肺炎确诊病例新增数为"0"之后，今日包括河南省在内的 24 个省区市新增数都已为"0"，加之国家药品监督管理局最新批准了有效鉴别流感、副流感和新冠肺炎的试剂盒，这场战役好像离胜利更近了。期待武汉重启。

今天《人民日报》公众号上发布了一篇题为《95 岁清华教授开直播授课上热搜，网友：我再也不逃网课了》的文章。读这样的文章，不禁令人肃然起敬。95 岁高龄的教授，应和环境的需要，与年轻一辈的老师一起转变教授方式，克服自身困难，并享受其中，真是令人感动！无论自己到达何种高度，都愿意随时低进尘埃。

这不禁又让我想到了另一篇文章里的一群人。武汉经济技术开发区的两批环卫工人去医院做完保洁后，在沌口长江大酒店隔离了两周。离开后，他们所有人住过的房间一尘不染，干净得完全不像有人住过。这样的一幕让酒店负责查房的经理流下了眼泪。环卫工人做着城市最脏、最累的活儿，却有着最善良、最朴实的心灵，和太阳一样明亮，散发着人性最闪耀的光芒。

最近，有太多的人拥入我们的视线，既有担负指挥战役，攻关克难的各界泰斗，又有用短暂生命让我们记住他们的平民英雄，还有时时出现的乐观向上的边缘人物。对社会而言，他们只是人群的千百万分之一，对家

○ 珍贵的存在：一张宁静而温暖的书桌 ●

庭而言，他们却是无可替代的百分之百。

　　我特别喜欢太阳，坐在窗边看它每天升起，感受着新希望的到来。四射的光芒，不仅温暖大地，也暖化人心。活在太阳下，总觉得有种莫名的幸福感；没有太阳时，也更要格外热爱生活，让世界没有死角。有时道理虽是直的，但路经常是弯的，在这弯弯曲曲的道路上，一直坚定地走下去吧。

平　和

　　一次聚会上，与一位比我年长些的大姐闲聊。我脱口而出："您身上的平和，让我觉得没有拘束感。"说者无心，听者有意。席间，她又提及"平和"二字，说她很喜欢我的评价。这是我们第一次见面，或许类似的表达有讨好之嫌，却是我内心的真实反应。我也再次将"平和"二字重新做了审视。

　　有几个老矿工，他们终日在极深的坑道中工作。有一天，矿灯出现故障熄灭了。他们在惊慌之余，到处找出路，一阵混乱的摸索后，谁也弄不清楚方向，几个人走得精疲力竭，只好坐下来休息。其中一个建议说："与其这样盲目乱找，不如坐在这边，看看是否能感觉风的流动，因为风一定是从坑口吹来的。"他们就在那里坐了很久很久，刚开始没有一点点感觉，可是过了一段时间后，他们的感觉变得很敏锐，逐渐感受到一丝微弱的风轻拂脸上。于是，顺着风的来处，他们终于找到了出路。等风来，需要一颗平和的心，平和所产生的力量，让几位矿工绝处逢生。

　　随着工作范畴越来越大，我也经常与一些棘手的问题打交道。能否尽快圆满地解决问题，很大程度上取决于是否有平和的态度。可以表达情绪，却不能带着情绪表达。人在遇到困难的时候，很难做到冷静平和，有时候甚至分不清要表达的是问题还是情绪。过度的情绪化反而使简单的事情恶

　　　　　　　　○　珍贵的存在：一张宁静而温暖的书桌　●

化到不可收拾的地步。平和的态度是我们渴望保持的理想状态，能让我们的生活和工作化繁为简，也能营造舒适的人际关系。

罗振宇曾说："真正厉害的时代是，我走在大街上，不会小瞧从我身边经过的每一个人。"我想，能被这个时代眷顾的一定是平和的人。我身边有许多这样的人，与他们相处很舒服。无论外界发生怎样的变化，他们都能微笑与坦然地面对一切。在他们身上，我们极少能看到急躁情绪和必达的目的。无论你怎样表达，回应你的永远是"没关系、慢慢来、都可以"。

我很喜欢和比自己成熟或是年长的人相处，他们身上吸引我的特质就是平和，他们有处变不惊的姿态和永远恬淡的心态，会让我变得安静下来。

人，平和下来是美的，平和下来，蹙眉舒展了，苦脸开花了，腰杆挺直了，神色朗润了，气质和悦了。平和，是让一个人的内心从狭小走向辽阔，从狂乱走向沉静，从复杂走向简单的路径。

泉水叮咚顺流而下是一种平和，桃树三月开花五月结果是一种平和，太阳与月亮的日夜交替是一种平和，尊重事情的发展规律，遵循内心的真实声音也是一种平和。顺其自然，平和人生。

导　航

　　此刻坐在开往潍坊的高铁上，内心的扑腾劲儿还没完全过去。尽管这不是第一次一个人出差，但时间紧迫所带来的慌乱感还是让人有些措手不及。记错了火车站是非常可怕的事情，会把出租车司机也搞得紧张兮兮。他打开导航选择出最快的路线，告诉我还有可能赶上。电话的另一端，一位朋友指挥着我下车以后要走的捷径，一路导航，我终于顺利赶上了高铁。

　　导航，在不知不觉中让我们的生活更便利，出门导航已然成了我的习惯。一次带父母回老家参加葬礼，晚归的路黑漆漆的，爸爸这个人工导航也起不了太大的作用。我打开手机导航，一路顺畅行驶，爸爸吃惊不已："这条小路是临时修的，连路名都没有，竟也能识别出来，太厉害了！"导航，不仅为生活带来了便利，也营造了触摸得到的安全感。

　　导航不仅是出行的依靠，也影响着我们的思维方式。从出发点到目的地，导航可以给出时间的评估、路线的选择、红绿灯数量、路况复杂程度等综合情况，并最终推荐出最优的路线，如果不满意还可设计适合的路线。这一套完整的方案，解决了我们的出行问题，让出行不仅达到了目的，而且无忧、无惧。

　　如果把课堂学习也看作出行问题的话，学生也需要导航，根据导航的引领，找到学习路径，落实学习结果。过程高效，直指目标，效果明显。

○ 珍贵的存在：一张宁静而温暖的书桌 ●

当然学习的路线不应该是固定的、唯一的、受限的，应该是可选的、多元的、综合的。同时，学生也应该是导航的设计者，为过程设计方法，为结果预设可能。课堂是学生与资源的相遇和对话、与自己的思考和较量、与伙伴的互动和共长。

如果成长也是出行的话，大学毕业之前的人生格外需要导航，跟着导航孩子们可以慢慢长大，经历学习，探索未知，盼望未来。或许，导航也会偶尔掉线，这时正好有机会去感受一下轨道外的别样体验。大学毕业后，人就开始有了自我设计导航的机会，设计生活方式、发展方向、相处人群等。尽管最后的终点一致，但过程中的不同设计，可以让我们经历不同的人生风景，品味不同的生活姿态。

如果工作也是出行的话，开始的跟跑也需要导航，没有驾轻就熟的视野，导航就是坐标，时刻让我们找到方向，看清道路，跟得上步伐。当更多的人需要你来领跑的时候，你就要开始思考如何设计导航，将盲目变成目标，从奔跑变成领跑。

如果人生也是出行的话，你需要在不断思考的路上找到一位导师，并从人生的无数抉择中去寻找人生的意义。当你可以越来越多地向外走去，也可以随时随地回归内心的平和，就有了人生的弹性。你就可以自己设计人生的导航，随时去你想去的地方，影响你所关切的万事万物。

在开着导航的路上曼妙前行，可以多一份安心，多一份从容，多一种选择。拓宽时间与空间，可以让风景入眼，感受人心。

尽管天空依旧灰蒙蒙的，却丝毫不影响方块田的青绿。张德芬在《遇见未知的自己》中劝慰众人，亲爱的，外面没有别人，只有自己。你所看到的无非是内心的投射，你所经历的都是提前写好的故事。所以，要为自己设计导航，让每一步都走向你所热爱的、澄澈的。

　　2021 年，这个年份无数次地被呼唤，也无数次地被寄托。中国共产党成立一百年，建校即将十年，也是我在艾瑞德国际学校工作满十年。这十年很长也很短，倏忽间，就来到了今天。能够与教育结缘，是选择之幸；能够与学校一同成长，是人生之幸；能够在十年校庆时出版此书，是坚持之幸。

　　学习写文章，是从研学旅行开始的。2014 年暑假，我作为班主任第一次带着孩子们远赴中国台湾研学，内心既有兴奋，也有担忧。外出管理只要周全就问题不大，而孩子们第一次离开父母，对孩子和他们的父母进行情感的抚慰却是个难题。分身乏术而无法及时拍照记录，也让我极为烦忧。开辟新的路径迫在眉睫。此时，拿起笔，架起新的桥梁是我能想到的最好方案。我与家长约定，白天我陪伴孩子们，晚上用文字和大家分享一日路程与精彩故事。这样的想法成了全团家长守护我们的方式。白天群里异常寂静，没有人向我抛出任何问题，让我的心能安安稳稳放在孩子们的身上。每晚 24：00，我会将蹩脚的文字串联成文章发到群里。没有照片，只是单纯的文字。或许是低估了文字的魅力，我意外收获家长极大的热情和众多的点赞。就这样，我彻底爱上了文字，也学习着用文字记录一切无法用语言表达的画面。

在往后的日子里，我在一切有感而发的时刻，努力并热情地写着。第二年的厦门研学期间，我保持着每日一文。在研学结束的时候，共计一万字的研学日记被学校全部转载到了网站上，这是对我莫大的鼓励。

很幸运可以从一年级一直跟着学生升入高年级，看着一个个活泼的儿童不断长大，给人奇妙的感觉。我总是忍俊不禁地想要把每一次发现、每一种情绪、每一个感动保存下来。故而以儿童生长和班级故事为主的文字开始成为我写作的主旋律。时间久了，孩子们也在我的影响下喜欢上了除了作文以外的另一种写作。我们把每次晨会变成了文字赏析，你读、我读、他读，在彼此的分享中，去点燃新的力量。就这样，我们一起慢慢地写，慢慢地长，慢慢地读。在六年级毕业的时候，《时间的脚印》出炉了。这是一本班级成长纪念册，图文并茂地记录着孩子们从一年级到六年级的悄然变化和不期而遇的美好。当然，还有我用文字书写的一路追随与陪伴。

在教育教学改革的深水区里，我也在奋力地游着。从语文老师到教研组组长，再到学科带头人，以至后来的教学主任，不能用走过千山万水来形容，只能说我在踏踏实实地走着每一步。对教材的解读、对学科的把握、对课程的理解、对课堂的设想，我觉得，只有诉诸笔端才算是最好的学习和实践。

慢慢地，我喜欢上了读书。尽管开始得不那么纯粹，有些许的功利在其中，但很庆幸，我走上了这条路。一张宁静而温暖的书桌安放下了我的精神与灵魂。无论是午后还是深夜，只要可以读书，我就会收获静的喜悦。作者用书上的文字与读者对话，我也用这样的方式来予以回应。

学校的生活总是比想象中要出人意料，我们用心用情地做着理想的教育，孩子们则层出不穷地带来生长的小惊喜。我们小心探索儿童生长的可能性，将学生成长"六个一"、国际文化周、田园课程、英文戏剧节带入他们的日常学习，为他们搭建成长平台。他们则大胆书写自己的成长轨迹，用数学绘本、成长日记、田间地头的挥洒汗水来呈现成长的落地有声。我也开始放大视野与格局，把更多的故事与画面装进我的文字里，开设简书和公众号，与更多的人分享。我们相互点赞、相互了解、相互支持，在喧闹的世界里，去寻找那一张宁静而温暖的书桌。

到整理书稿的时候，我才欣喜地发现，原来我已经走了这么远。

一个始终被幸运包围的人，是幸运的。感谢为我制造幸运的艾瑞德国际学校创始人孙银峰先生、艾瑞德教育集团副董事长赵虎先生、总督学包祥先生、校长李建华先生，在他们的引领和关爱中，我的教育之路有温暖，更有力量。也很感谢一路并肩同行的王彦月园长、龚涛校长助理、杨海威主任、赵静主任、陈琳主任对我的帮助和支持。感谢为此书的编辑辛勤工作的项兆娴老师、樊婧老师、张玉峰老师。能够与艾瑞德国际学校的同事们一起成长是我之幸，以此书向大家致敬！

刘润红

2021 年 1 月